スカラーシップで
大学生はこんなに変わる

「給付型奨学金＋人間教育」を実践する
「人間塾」の挑戦

人間塾　塾長
仲野好重

はじめに
――人間塾は「人生の軸」を学ぶ場所である

「人間塾」は、ブリヂストン創業者・石橋正二郎氏の孫にあたる井上和子氏が、日本の未来を担う若者を育成するために設立した私塾です。ここでは、塾生の人間としての可能性と能力を最大限に引き出すために、さまざまな教育の機会を提供しています。

そのひとつに、毎年、必ずテーマにする言葉があります。この言葉の持つ意味は、「人生の軸」にもなる考え方のひとつであり、塾生には必ずこの思いを身につけてほしいと強く願っているのです。

それは、「恩送り」という言葉です。

この言葉の意味を理解するには、実際にこの「恩送り」の精神を学んだ塾生の体験を紹介するのがいちばんいいと思います。毎年4月に行われる入塾式・始業式の場で、この「恩送り」について語った塾生の言葉を引用いたします。

研修中に聞いたお話の中で、特に印象に残った言葉があります。それは、「恩返しではなく、恩送りをしなさい」というものです。恩送りとは、誰かからもらった恩を、また別の人に受け渡していく、という意味の言葉です。塾長先生は、「恩返しは悪いことではないが、やって当然のことであるのだから、恩返しだけで満足してはいけない。みなさんは恩送りをしなさい」と述べられました。私はこれまで、恩返しは、もらった恩に対する最大のお礼であると考えていたので、この言葉にはたいへん衝撃を受けました。また、恩送りをされた人が別の人にも恩送りをすれば、直接関わっていない人にまで自分の願いを伝えられると知り、恩返しだけで満足していた自分の小ささが恥ずかしく思えました。

これから私たちは、多くの人の強い思いが込められて存在する人間塾で、たくさんの恩を受けながら学ばせていただきます。その恩を皆様方にお返しするのはもちろん、他の誰かのために惜しみなく恩送りをすることで、ほんの小さな力でも、社会をより豊かな方向へ導いていきたいと思います。

（２０１８年度　入塾式・始業式　塾生による誓いの言葉）

「恩送り」という言葉の持つ意味が少しは伝わったでしょうか。

人間は社会的な生き物です。一人では決して生きていくことはできません。私たちが生きている社会は相互扶助が必要です。いわば、助け合いの精神がなければ社会は成り立たないのです。困難に出合えば皆で力を合わせて乗り越えていく。喜びや幸せも互いに分かち合って、「お互い様」の精神を生きる。このようなところから、社会が少しずつ居心地のいい場所になっていくのだと思います。よって、自分さえよかったらいい、という自己中心的な言動は、人間社会を築いていく上で、本来は困った考え方です。助け合いの精神が再び回帰することを願ってやみません。

さて、私はこの人間塾の塾長である仲野好重《なかのよしえ》と申します。大学卒業後、アメリカへ留学し、専門の心理学分野で研究生活を送り、29歳のときにPh.D.という心理学における博士号を取得し、帰国しました。アメリカ留学時代から現地の大学で教鞭をとっていましたが、生まれて初めて教えたアメリカの大学での心理学の授業の直後、これぞ自分の天職と確信する体験をしました。その後、紆余曲折を経て、大学教授となりました。また地元の教育委員会の委員長を長年務め、公教育の現状を一から学ばせていただきました。大学教員時代に私とかかわってくれた学生は、延べ1万5000人は下らないと思いますが、一人ひとりの学問的かつ人間的成長を見ることができたのは、今も私の宝物となっています。

私が、このような教育活動に携わるようになったのは、中学校から大学までミッションスクールで学び、多くのすばらしい先輩たちの生き方に影響を受けたからです。また、大学卒業後にアメリカで大学院生活を過ごした足掛け8年の経験も私自身を教育の世界へ導いてくれた大きな原動力です。そして、２０１１年に縁あって、人間塾の設立に参加し、代表理事に就任しました。塾生たちからは、塾長と呼ばれています。

人間塾の教育活動の中で、設立者・井上和子氏と所縁のある石橋正二郎氏の足跡から学ぶ機会も多くあり、それも特徴のひとつになっています。ブリヂストンが世界に名だたるすばらしい企業となったそのルーツを創業者・石橋正二郎氏の企業家精神と文化芸術への造詣の深さから学ぶのです。真の社会貢献とは何か、企業や組織の本来の存在意義は何であるか。そのようなテーマをヒントに塾生たちは考え始めます。そして、石橋氏のモットーであった「世の人々の楽しみと幸福の為に」という言葉が、塾生たちの議論や意見交換の中で、しばしば語られるようになっていきます。

現在、数多くの人間塾の修了生たちが、実社会で活躍しています。毎年々々、この人数は増えていきます。彼らは、さまざまな職業に就いており、その分野は多岐にわたっています。医療、教育、金融、ＩＴ、工業技術、官庁、観光、芸術、貿易など、挙げればほとんどの職業分野を網羅していると思われます。そして、彼らの社会における経験を知ることが、後輩である在塾生にとっては将来に向けての貴重なアドバイスであり、励ましになるのです。

さて、人間塾では返済不要の奨学金「井上和子スカラーシップ」の給付をしています。その特色は、優秀な成績や経済的困難という条件だけでなく、「学生の夢や志を応援する」という考えに基づいて経済的支援をするものです。一般的には「給付型奨学金」と呼ばれるもののひとつです。

人間塾がスタートして今年で10年。巣立った者たちの多くが自分の夢や志を見つけて、充実した社会人生活を送っているようです。彼らはみな、「人間塾に入ることがなければ、今の自分はなかった」と、言ってくれるのは本当に嬉しいことです。人間塾が単に奨学金給付を行う団体であるならば、ここまでの強い決意や覚悟を持つ若者を社会に送り出すことはできなかったのではないかと思います。

人間塾で塾生たちは、新しい仲間に出会い、自分の知らなかった人生を学び、やがて本当の使命を見つけていきます。そして、「恩送り」の精神を持って社会で活動する中で、人と人をつなぐ存在になっていくのです。そのような願いと期待を込めて、人間塾では「人に出会い、人をつなぐ、人になる。」というスローガンを掲げています。このスローガンの実現のために人間塾でどのような活動が行われているのか、本書ではさまざまなエピソードをご紹介しています。読み進んでくだされば幸いです。

人間塾はこれからも、経済的支援と人間教育を一体化したスカラーシップをさらに充実させ、実践していきます。「あなたは社会に支えられて、ここまで生きてきた。これからも常に恩送りという循環の中で生きていくのだ」という精神を忘れず、人生の軸を学ぶ場所でありたいと思っています。

２０２１年初夏

人間塾　塾長　仲野好重《なかのよしえ》

もくじ

第2章　「人間教育」を行う場が求められている

第4章　「スカラーシップ」で変わる若者の意識

第 1 章

若者を成長させる場としての人間塾

01

人生観が劇的に変わっていく

皆さんは誰かのアドバイスを素直に受け入れることができますか？

若者は大抵の場合、年長者から「ああしろ、こうしろ」と言われると「うるさいな」と思うのが普通です。

年齢を重ねて大人になれば、他者の意見を素直に受け入れられるかというと、そう上手くはいきません。むしろ自分の考え方に頑なにしがみついたり、「そんなことは言われなくてもわかっている」と頑固になったりする場合が多いのです。

つまり、人間は原則的に何でも「自分で決めたい」という欲求を持った生き物です。また、子どもから高齢者まで、みなプライドを持っていますので、人の意見を素直に受け入れるのは至難の業なのです。

私がこのように話をするのも、「人を育てる」「人の成長を助ける」ことがどんなに難しいことかを痛感しているからです。大学教員を20年、人間塾を10年続けてきて、人間教育の醍醐味はこの難しさを乗り越えて、若者の成長を目にすることができる瞬間だと思っています。

人間塾ではスカラーシップを通じて経済的な支援を行ってきました。併せて、人間教育の側面から、塾生の持つ能力や可能性を惜しみなく使って、実社会へ貢献したいという確固たる意志を持つ人材を育ててきました。定期的な講義や私との面談、合宿やさまざまな研修を通じて、入塾した当初から見違えるほど変化を遂げた塾生が何人もいます。

しかし同時に、塾生も十人十色です。大学も学部や学科も異なる学生たちが集っていますので、さまざまな個性がぶつかり合うのも人間塾の特徴です。

セミナーでの講義では疑問を呈さずおとなしく聞いている塾生が大半です。しかし、毎月行う個人面談で、その塾生が直面している問題をズバッと指摘すると、不機嫌になる者もいます。自分のプライドが傷つけられたと誤解するのです。また、おとなしく穏やかにしているようで、実は心の中に不満や不安を抱えている者もいます。よって、私の思いを受け止めきれないまま不完全燃焼になった挙句、人間塾を裏切るような言動を見せる者もいるのです。

彼らを見ていると、基準は常に「自分」です。自分が正しいと思うことと塾長の言動が食い違っていたら、最終的には自分の思いを優先する傾向が見られます。他者の意見、それも自分のことを心底思い、応援してくれている存在でも、最後は信じられないのです。自分の「やりたいこと」が最優先で、自分の「しなくてはならないこと」は後回しという現象がよく見られます。

では、そのような「自己中心的な若者」は、人間塾に入塾したことで、どう変わっていくのかと思われるでしょう。人それぞれですが、劇的に人生観に変化が出てくる塾生が大勢います。自分の思い通りに生きることを人生の目的にしていた若者が、自分以外に大切なものを見つけていくのです。他者の幸せであったり、よりよい社会の構築であったり、組織や共同体の改善であったりと。そして、その理想と願いを胸に抱いて、社会へ羽ばたいていきます。

「人として向き合う」を徹底する教育

「いったい、どうしたらそんなことができるのか？」と、疑問に思う方が多いでしょう。自己中心的な若者、志を抱いていても自分に自信のない者、他者と比べることでしか自分を評価できない者……。たくさんの問題を抱えている若者たちに対して、特別な方法論や魔法の言葉でもあるのかと思われるかもしれません。

しかし、結論は、そんな簡単で便利な方法は存在しないということです。私が心掛けていることは、「その塾生と徹底的に向き合うこと」「最後の最後まで手を離さないこと」です。とてもシンプルなことを、毎日行っているのです。たとえ塾生から疎まれても、避けられても、私が感じ、思い、考えていることを率直に伝えます。

時には厳しい言葉になりますが、真心と愛情を心の底から込めて伝えるしか、私にはできません。知ったのに言わない、見たのに伝えないのは、きわめて不誠実であると思います。その人の成長を本当に願うならば、伝えなくてはいけないことがあるはずなのです。

「そんな簡単なことですか?!」という方がいるかもしれませんが、言うは易く行うは難し、です。実際にこのような指導をしようと思えば、私自身、相当の覚悟で事に臨まなくてはなりません。このような学生への支援と指導を「徹底的」に行っている大学の現場が、全国にいくつあるでしょうか。

昨今は、大学生でも厳しく指導したり苦言を呈すると、保護者からのクレームが入るそうです。学生の個人的な悩みについて相談に乗ると、どうしても家庭の事情や親子関係に関することが出てきます。個人的な事情に首を突っ込まないでほしいという注文がつく場合もあるのです。大学教員として学問や研究活動での指導だけでなく、その学生の人間的成長を思うならば、「人として徹底的に向き合う」ことは大切ではないかと思いますが、実際にはあまり実践されていないようなのです。

しかし、人間塾は私塾です。学生本人の意思で入塾してくるのであり、入塾までに書類審査はもちろんのこと、本人との綿密な面接を行います。さらには保護者にも教育方針を十分に理解していただくために、説明の機会を設け、不安や疑問を取り除いた上で、正式に入塾となるのです。よって、塾生の「志」を第一の条件とし、人間としてどのような成長が期待できるかを見ているのです。その塾生の成長や視野の広がりをひたすら願っての教育ですので、理不尽な要求や威圧的に何かを叩き込むというようなことは一切ありません。ただ、人間塾の教えの中に厳しさがあるとすれば、それは「人間としての誠実な生き方」にかかわることに関してです。不誠実な考え方や、他者への思いやりに欠けるところについては、厳しく指導します。

「頭から腹への旅」を生涯かけて行う

今まで小中高、大学において徹底的に向き合ってくれる大人と出会ったことのない塾生は、最初、私の指導にたいへん驚きます。偏差値教育に馴れ、人と比べる相対評価が常で、自分への絶対評価をしたことのない塾生は、私の歯に衣着せぬものの言い方にショックを受けるようです。

時間が経つと、やがて塾生は、自分のために真剣に向き合ってくれる大人がいることや、苦言を言われても、自分の可能性を信じて期待を掛けてくれていることに気づき始めます。そして、次第にその気づきは感謝へと変化していきます。

今日の自分は、自分一人で生きてきたのではなく、命を授けてくれた親をはじめとして、数多くの人々の愛のおかげで生かされてきたことに気づくのです。これが人間塾で教えたい「人間力」の第一歩なのです。

このような気づきを塾生に持たせること。それが人間塾の大きな特徴です。志を持った若者が、その先の人生への一歩を踏み出す勇気と智慧に気づく場所なのです。そのために、私はあの手この手を考えて、塾生にそれらを突き付けていくのです。具体的なケースについてお話するのがいちばんわかりやすいと思いますので、以下にご紹介していきます。

人間塾の塾生の在塾期間は、大学の卒業までです。もちろん卒業までの最短年限で終わりです。しかも、大学１年生のときの成績や学内・学外活動の実態も把握してからの入塾となりますので、最長の在塾期間は通常３年間、医学部や薬学部などの６年制に在学している学生は最長５年間です。しかし、実は、大学を卒業したからと言って、人間塾で学んだことが終わるわけではないのです。大切なことを頭で理解していても、腑に落ちなければ行動も伴いません。

このような「頭から腹への旅」が生涯をかけて行われるものであるように、自分自身を高め、志を使命に変えてそれを生きることは、一生を賭けての大仕事です。よって、人間塾と塾生のかかわりは一生続くものだと、私は考えています。大学を卒業して社会人として活躍の場を広げている元塾生の多くも、いまだに人間塾にかかわってくれるのはたいへん嬉しいことです。

このようにいったん人間塾の門をくぐったら、いつまでも人生を切り拓いていく修行者であり、塾生なのですが、やはり一定の区切りが必要です。人間塾では、4月は入塾式、翌3月には修了式を挙行しています。人間塾では卒塾式とは言いません。あくまでも一定のプロセスを修めたという意味で、修了式と呼んでいます。

「決意」を表明する「まとめ合宿」

短い者で1年間、長い者で5年間を人間塾で過ごすのですから、その在塾期間に伴って修了時に差が出るのかと心配する方もおられるでしょう。しかし不思議なことに、一人ひとりの塾生は、それぞれ自分に与えられた期間の中で変化し、成長していくものなのです。その理由のひとつに、私が一人ひとりにカスタマイズするオーダーメイドの指導内容があります。1年しか在塾しない者は（それは多くの場合、人間塾の存在を長らく知らなかったことによる）、1年で気づきが生まれるように、私も相当スピードアップして指導を行います。もう少し早くに人間塾に出合ってくれていたら、と思うこともしばしばです。3年間在塾できる者は、じっくりと成長のプロセスを見ながら、随所々々で緩急をつけながら見守ることができます。

いずれの塾生も修了を目指して自分と向き合い、問題点に気づき、その原因を追究し、ついには克服できるように喰らいついてきます。

3月に行われる修了式は、式典が終われば、晴れて修了生になり、先輩たちに人間塾同窓会に迎え入れてもらえるひとつの区切りの行事です。そこで塾生や参加者の皆さんが楽しみにしてくれているものがあります。それは、修了証書の代わりである私の書です。秋ごろから修了予定者一人ひとりの顔を思い浮かべ、今までの数年間の出来事を思い出します。そして、修了の時点で、その塾生に最もふさわしいと思う言葉を考えて、数か月をかけて書き上げます。私の造語のときもありますし、中国古典から引用した言葉のときもあります。

しかし、授与する書が出来上がっていても、それを実際に渡せるかどうかは、3月の修了式の当日までわかりません。なぜならば、それぞれの塾生はその人なりに課題を抱えており、人間塾で学んだ生き方、心に決めた使命を生きていくと最後まで明言できないで、迷うことがあるからです。その気持ちを確固たるものにし、自信を持って決意するために、最後のチャンスが与えられています。それが2月の末に行う「まとめ合宿」です。

例年、静岡県裾野市にある研修施設で、雄大な富士山を見つめながら、２日間の合宿を行います。この合宿では、自分の人生の意味、存在の意味、生きる目的、自分に与えられた使命、誠実さや正直さ、人類への愛、社会への貢献などについて、真剣に考えます。そして合宿の最後に、自分の意見を一人ひとり、皆の前で表明します。

優秀だが配慮が足りないA君の場合

数年前のことです。修了式を目前に控えた2月の末、例年通り「まとめ合宿」を開催しました。小学校から大学まで、たいへん優秀な成績を収めてきたA君は、人間塾が目指す基準で見ると、あまり感心しない塾生でした。今は、ある病院で毎日、医師として働いており、患者さんや周囲の先輩同僚から信頼されるすばらしい医師になっています。しかし、こんなに優秀な彼にも、乗り越えなくてはならない大きな課題が、修了間近の2月末まで残っていたのです。

彼はたいへん頭の回転が速く、学問的には呑み込みが早い。優秀な高等学校から東京大学へ現役合格した秀才です。しかし、彼が人間塾の門を叩いたときから、私には何か「鼻につく」ところがあり、時々匂わせる「自分は優秀だ」という顕示欲の強さからも、「直さなくてはいけない課題がたくさんあるな」と感じていました。

このA君は、ある年の2月に医師国家試験を受けました。彼の人生を左右する大切な試験ですので、私もたいへん気になっていました。風邪を引いていないだろうか、体調は大丈夫だろうかと。国家試験が終わった直後、彼から連絡がありました。無事終了した様子でしたが、彼は「予定通り問題なく終わりました」という意味の報告をしてきました。自分なりの手ごたえがあったことはよくわかります。彼の中では、想定した通りの内容だったのでしょう。しかし、私はその言葉に謙虚さを感じませんでした。出来て当たり前、自分は絶対通ることはわかっていた、と言わんばかりの言葉に、私は抵抗を感じました。

周囲には応援してくれる人たちがたくさんいます。家族をはじめとして友人たちが、心配したり祈ったりと、心を込めて応援してくれたのです。しかし、彼の言葉からは、他者への配慮や感謝をあまり感じることができませんでした。

「力を出し切ることができました。今までのご支援に感謝します。結果が出たらご報告いたします」と言ってくれれば、こちらも労いたくなります。彼は、自分の頭で考えていることと、相手がどういう気持ちで受け止めるかのバランスを考えて発言していないように思いました。

こんなに細かいことにいちいち口を出さなくてもよいのではないかと思う方もおられるでしょう。しかし、私が心配したのは、このA君がこれから医師として社会に出た後のことなのです。

病気と闘う患者さんは、不安や悩みで心が押しつぶされそうになっています。医師は機械的に診断し、マニュアル通りの治療や投薬をすればいいというものではありません。人の心に寄り添い、相手の立場に立って、治療に当たらなければならないのです。医術は仁術と言いますが、本当にその通りなのです。

「このレントゲンを見る限りではかなり重症ですね」「この治療法が最も一般的なやり方です」「検査結果からみると何も気にすることはないですね」と、事実を淡々と述べるだけの医師でいいのでしょうか。A君にはそんな医師になってほしくない。患者さんに心を寄り添わせながら、冷静な判断のできる医師になってほしい。人の苦しみや痛みを自分のこととして受け止めながら、医療の現場に出てほしいと、私は願ってきました。

人としての深さや豊かさを求める

ですので、医師国家試験が終わった後、無事合格という知らせを聞いたときに、彼には苦言を呈しました。目立とうとすること、心の中で自分の優秀さを誇ることが無意識に出てくることがあるので、自分の気持ちの動きに敏感でいるように注意しました。また、一を聞いて十を知ったら黙ること、しゃべり過ぎないこと、自分の言動の他者への影響を考えることなど、たくさんの課題を「まとめ合宿」でA君に与えました。

A君は、自分が切羽詰まった状況にいることは理解していました。合宿を経て修了式まで一か月ほどしかありません。A君は悩み、苦しみました。自分を変えることができない「枷《かせ》」になっていたことは、彼が今まで他人から厳しいことを言われたことがほとんどなかったからだと想像します。学業優秀でスポーツもよくできる。受験する学校にはちゃんと合格する。たいへんな優等生だったので、誰も「君は間違っている」と突き付ける人はいなかったのだと思います。

A君は、都内の有名な高等学校を経て、東京大学に入学します。充実した学生生活を送り卒業しますが、自分の進むべきは医師の道であると思い立ち、別の国立大学の医学部に編入しました。すでに大学を卒業している彼には、二つ目の大学進学、しかも医学部、おまけに下宿をするということで、経済的自立を求めて人間塾のスカラーシップに応募してきました。

彼からすれば、優秀な自分がスカラーシップに合格することは、想定内の出来事だったかもしれません。しかし、人間塾に一歩足を踏み入れて、彼は今まで経験したことのない出来事に遭遇します。私から、「キミ、アホとちがうん？」「何回言うたらわかるの？ホンマに東大出てるの？」などという言葉を聞かされたことです。

これまでの人生で「アホ」とか「出来が悪い」などと言われたことはなかったことでしょう。しかし、人間塾では、学問的な優秀さと、人間としての深さや豊かさは、別のものと考えています。

社会に出たときに本当に大切なのは、学問的優秀さ以上に、その人の内面です。強さや優しさはもちろんのこと、柔軟性や応用力も問われます。仕事に対する誇り、人に対する誠実さが、本来はもっと重視されるべき人間の側面であるはずです。しかし、それらの大切な要素が軽視され、表面的な優秀さだけで人を判断する浅はかな考え方が横行しています。そのような社会の風潮に対して流されることのない塾生を育てたいと思っています。よって、私は塾生に容赦なく厳しい言葉を突き付けます。

ここで誤解のないように言っておきますが、私が使う「アホ」という言葉は、関西人特有の意味を込めています。その人を貶《おとし》めたり、批判するような意味を込めているのではありません。関西人特有のニュアンスとは、「こんなに失敗ばかりして懲りない人だな。いい加減にしてほしいけれど、ちょっと可愛いところもあるな」くらいの意味ですが、関西出身以外の方には、きつい一言に聞こえるようです。塾生も私の関西弁にだんだんと馴れてくるようで、私が「君は本当にアホやね」と言いますと、苦笑いしながら「そうですか？すみません」というくらいで、それほど深刻に受け止めない強さが身についてきます。

Ａ君の保護者の方もその辺りはよく理解してくださっており、「厳しくご指導をお願いします」と言ってくださいましたので、私も手加減せずに彼に向き合ってきました。

「僕は本当に神童だったんです」

歯に衣着せぬ私の言い方には、彼は相当のショックを受けたと思います。事実、Ａ君が後に語ってくれましたが、人間塾でショックを受けたことのひとつは、「キミは出来が悪い」と言われたことだったそうです。

ただこれがよかったのです。今までの彼の人生で経験しなかったことを通して、A君は人間として成長していくのです。

A君が入塾して1年ほどが経ったある日のことです。毎月一回は行う個人面談の日でした。私からの問いかけに今回もピンとこないらしく、なかなか話が噛み合わないでいました。

そこで私は彼の心を掻き混ぜようと、「君、ホンマに東大を卒業してるの？ 嘘とちがうの？」と投げかけました。どう応えるのか、待っていましたら、彼は私の言葉を真に受けたようで、次のように言ったのです。「失礼な！ 僕は小さいころから神童と呼ばれていました」。彼は大真面目に反論してきました。

私もすかさず、「あら、奇遇やね。私も神童と呼ばれていたよ」と返しますと、彼はむきになりました。

「塾長、僕の場合は本当に神童だったんです」と言うのです。私の自称神童は怪しいもので、自分の方は本物だというのです。自分の優秀さを誇示したかったのでしょうが、年齢も時代も違うから比較にならないのにと、彼の必死さに内心驚きました。

「私も本当に尼崎の神童だったのよ！」

「いや、ですから僕の方は本物の神童で……」

「いやいや私は……」

　こんな幼稚なやり取りをした後、私は彼にこう言いました。

「わかった。君は本当に神童だったのでしょう。しかし、それはかつての話。過去の栄光なのよ」と。

Ａ君を変えた言葉

　Ａ君は明らかに痛いところを突かれたという顔をしました。間髪入れずに、私は次のようなことを彼に語りかけました。

君は過去の栄光にすがって生きている。過去とは、現在が瞬間瞬間過ぎ去っていくこと。その積み重ねが過去になるのです。私たち人間に与えられている確かなものは、「今」と「ここ」だけです。言い換えれば、「今、ここに自分という存在が生きている」という事実しかないのです。

「今」は未来に向かって動いています。この動きの一つひとつが、「時を刻む」ということなのです。私たちに許されているものは、「今」だけ。「過去」は終わってしまい完了したものです。取り戻すことはできません。自慢しようが後悔しようが、終わってしまったのです。「未来」にはまだ遭遇していませんが、たぶん遭遇できると私たちはたかをくくって生きているのです。

しかし、その一方で、過去を振り返ることも非常に大切です、なぜならば、過去の経験から学んで「現在」や「未来」をより良いものにするために活用できるからです。

もし人間が過去から何も学ばないのならば、現在の社会は存在しないでしょう（もちろん学ばなかった事柄もたくさんありますが……）。

このような意味において、人間は「過去」から学ぶことのできる生き物です。この「学び」の視点を持たないまま、過去を振り返るだけならば、失敗したことに泣くか、無為に過ごした日々を後悔するだけです。つまりは、過去の栄光にしがみつく人もいれば、過去の失敗をいつまでも引きずる人もいるということです。そんな「過去」との付き合い方に固執すると、現在に生きる意味を見出せなくなってしまいます。

この私の話を、A君はじっと黙って聞いていました。今までのように何か疑問を感じているとか、受け入れられないという態度ではありませんでした。言葉の一つひとつを噛み締めながら聞いている様子でした。どうやら私の言葉にピンときたようでした。

話を聞き終わってＡ君は、「僕は自分を本当に優秀だと以前は思っていました」と言うのです。私は、「何をもって優秀というのか？」とたずねました

Ａ君によれば、ある時期までの彼の生活の中心は、学校での勉強と受験校に合格することだったそうです。「神童」と呼ばれ「優秀」というレッテルを貼られるほど高い評価を受け、自分の自信にもなったと思います。

優秀な高等学校から東京大学へと進学し、人生は順風満帆に見えました。そして更に努力を続け、医師になる夢を叶えようとしました。別の国立大学の医学部に編入合格するのです。そして人間塾との出会いがありました。人間塾と出会わなければ、単に優秀な医師にはなれたでしょうが、心ある患者さんへ愛を持って向き合う医師になっていたかどうかはわかりません。

あるとき、私はＡ君に「君はどんな医者になりたいのか？」「医者になることの意味は何？君の使命は医者になることだと本当に思うのか？」とたずねました。

そのとき、Ａ君は即答できませんでしたが、その後、彼は明らかに変わっていきました。

セミナーでも真剣な顔つきで話を聞くようになりましたし、個人面談でも積極的に自分の内面を開示するようになりました。自分の心の中の思いを深い言葉で表そうと努力していました。

「自分の使命」に気づく教え

A君は、医師国家試験の後は私に苦言を呈されましたが、最後の「まとめ合宿」では、自らの長所と短所をきちんと整理でき、そしてそれらを受け入れることができました。合宿の最後には、全塾生の前で自分の目指す「患者さんの声を聞き、それに最大限応えられる医師」になる決意を語ってくれました。

そこには自分の損得はまったく感じられませんでした。ただひたすら、目の前の患者さんの命を守るために、全力を尽くすことが自分の使命であるという自覚した姿が輝いていました。

このA君が人間塾と出合うことなく、私の厳しい指導にも遭遇しなければ、どうなっていたでしょう。

たぶん、彼の人生は違っていたと思います。

医師国家試験にも合格し、医学部を優秀な成績で終え、順調に医師になっていたことは間違いないでしょう。しかし、優秀な成績を修めて順調に医師になることと、「良い医者」になることは違う場合が多いのです。

人間塾を経て、A君は患者の痛みに寄り添い、苦しみや絶望を受け入れ、不安を乗り越える手助けができる医者になろうとしました。医学部に合格したころは、「医者になる」「病気を治す」という思いはあったと思いますが、人生をかけてその使命に生きるまでには覚悟ができていなかったように思います。一歩間違ったら、傲慢な「上から目線」の医者になる可能性もあったのですから。

現在、A君はある病院でたいへん頼りにされる若手医師として頑張っています。人間塾の同窓会や催しに顔を出してくれるときは、いつも笑顔で温厚な態度です。よって、後輩たちもA君をとても慕っています。彼を見ていると、人間は本気になれば本当に変われるのだと、つくづく思います。

修了間近の「まとめ合宿」でも、自分の葛藤に苦しんでいたA君。在塾した4年間、どれほど私から厳しい言葉を突き付けられたことでしょう。でも彼は諦めませんでした。自分の人生をかけてもいい「使命」に出合うために、人間塾から離れることなく、最後までついてきました。

自分自身と向き合う

この彼の変化は一体どうやってなされたのでしょうか。それはまず私と徹底的に向き合い、自分の心の奥底を見つめる努力をしたからです。過去の栄光を引きずっていたのは、言い換えれば、現在の自分に自信がない表れでもあります。よって、自分の使命を探求するときにも、それに真摯に対峙することができなかったのです。いわば葛藤を抱えたままで医師になろうとしていました。

また、他の塾生たちと語り合う中で、自分の思いをざっくばらんに話すことができるようになりました。塾生との人間関係が育っていくと同時に、人と共感することのすばらしさや、人に支えてもらっていることへの感謝を実感したのだと思います。そして、ついには自分の生きていく上での「軸」が見つかるようになりました。

もちろん、使命を全うするには人生というはるかな道のりを歩まなくてはなりません。

よって、これからも迷うことがあるでしょうし、挫折もあるでしょう。しかし、そのたびにA君が人間塾で学んだ「自分自身と向き合う」ことを忘れずに進んでほしいと思っています。修了式の日に、私は彼に「黙慮《もくりょ》」と書いた書を、修了証書の代わりに手渡しました。この「黙慮」という言葉を常に胸に刻んで、黙しながら相手の声に耳を傾け、最善の方法を模索しつつ、相手の心を慮る医師に育ってほしいと心から願っているのです。

若者に何が起きるのか

A君のような塾生は、人間塾においては決してめずらしくありません。ここでの学びによって、自分が目指すべき道、人生の使命が明確になったという話は他にもたくさんあるのです。

例えば、ある塾生は人間塾に入ってくる前は、有名な国立大学を出て、大企業に入るという人生設計を描いていました。彼は何事においても計画的に物事を進めることが得意でしたので、大学生活でどれくらい出費がかかるのかを計算した上で、親に経済的な負担をかけたくないということで自ら進んで人間塾の門を叩きました。しかし、そんな何事も計画的な彼に想定外のことが起きます。人間塾に入ったことで、本当に自分のやりたかったこと、目指したい道に気づいたのです。彼は悩み抜いた末、これまでの描いていた大企業への就職とはまったく異なる道を歩むことを決意したのです。

また、ある塾生も人間塾に入って、幼いころから抱えていたコンプレックスと向き合い、同じような苦しみや悩みをもつ人々の助けになれるような仕事をしたいという秘めた思いに気づきました。そして、これまで自分が学んできたこととは異なる新しい分野に飛び込んで、果敢にチャレンジしています。

やはり彼らもA君と同様に、まずは私と徹底的に向き合い、自らの心の奥底を見つめる努力をしてきました。そして、塾生同士の交流によって、他者と共感できるすばらしさや、感謝の思いを味わうようになりました。そして、「自分自身と向き合う」ことで、心の中に何か今までなかった変化が起きることを知ったのです。

人間塾で得られるこのような学びによって、入塾前と後では、まるで別人のように変化する塾生が大勢います。自分を肯定できるようになり、人生に前向きになり、目の輝きが違ってきます。

ですから、私自身も新しい塾生を迎え入れるときは、非常に楽しみです。目の前にいる若者たちがどれだけ変わっていくのか気になりますし、「自分自身と向き合う」ということを学ぶことで、これから彼らがどんな充実した人生を送るのかを想像するだけでも、胸が高鳴ります。

もちろん、若者というのは無限の可能性を秘めていますので、塾生が人間塾の学びによって気づく使命や志の大きさや方向性は、私たちの想像を大きく超えていきます。その意外性は多岐にわたっており、時に親の立場からすると、心配の種になるような志を抱く塾生もいるのです。

「笑いで人を幸せにしたい」

ある大学で理系学部に学ぶ塾生がまさしくそうでした。

彼は非常に優秀な学生ですので、親としては、いずれ大学院に進んで、科学分野の研究者になってほしいと考えているようでした。

そんなある日、この塾生が思いつめた表情で、私のもとに訪れてこんなことを言い始めました。

「僕は、お笑い番組の構成作家になりたいんです」

思いつきで言っているわけではありませんでした。私からセミナーや面談で繰り返し「社会のために何ができるか」「自分のことばかりを考えてはいけない」「自分自身と向き合いなさい」ということを言われた彼は、どうすればこの社会をより良くすることができるのか、そこに自分がどのように貢献できるのかということを、ずっと真剣に考えてきたそうです。

そして、自分自身と徹底的に向き合ったところで、「『笑い』で人を幸せにしたい」という自分の気持ちに気づいたそうなのです。

「これも人間塾で教えていただいたことのおかげです」と言う彼の決意はかなり固いようで、その眼差しには非常に力強いエネルギーが感じられました。彼自身も、お笑いの世界で生きていくということが、非常に難しいということはわかっているが、どうしてもチャレンジしてみたいと言います。

お笑い番組の構成作家も、社会にとって非常に重要な仕事です。笑いで人が幸せになるというのもよく理解できます。何よりも彼が自分自身と向き合って決めたことですので、もし本当にその思いが確かならば、塾長として応援をしたいと思います。ただ、一方で、私と面談した際に、「大学院に進学してほしい」と嬉しそうにお話をされていた親の気持ちを思えば、非常に複雑です。

ひとつだけ言えるのは、この塾生が「自分自身に向き合う」ということをしないで、大学院に進学して研究者になったとしても、きっと彼にとっては本当の幸せではないだろうということです。

まだ大学生活も残っていますので、卒業後に彼がどのような道に進むのかということは決まっていません。

これからも人間塾で学んだ「自分自身に向き合う」という修練を続け、自分だけの人生の「軸」を見つけて、悔いのない人生を送ってほしいと願っています。

原石を宝石にするまで磨く

さて、ここまでお話を進めてきましたが、人間塾で実践している人間教育の本質は「自分と向き合う」ことであり、「人生の軸を持つ」ことだと、ご理解いただけましたでしょうか。

人間塾では、大学生の本分として学業に熱心であることは当たり前と考えています。しかし、成績や偏差値で、その塾生本人の価値が決まるとは考えていません。ここでは、一人ひとりを個性ある独自の人格を持った存在として受け止めていますので、その塾生自身の心の成長を期待して入塾を許可しています。塾長である私も一人の人間です。短所もあれば間違うこともあります。しかし、常に「人間」対「人間」として塾生に向き合う努力をしています。

その塾生の中にキラリと光るものを感じ取るのが、私の最初の仕事です。そしてそれを感じ取ったならば、そのキラリと光る宝石の原石をどうやって磨いていくのか、塾生一人ひとりにあわせて考えます。将来、このままで社会に出ても通用しないような考え方があれば、それを指摘しますし、時には厳しく諭します。そして、何よりも本人にそれを自覚させ、主体性を持って変わろうとするまで伴走するのが次の仕事です。

塾生たちは、ここ人間塾で、親や教師からも指摘されたことのないような耳に痛い話を、私から聞かされます。これはなかなか辛い経験でしょうが、私にとっても魂と魂のぶつかり合いであり、苦しい指導です。これが私の次の段階の仕事であり、塾生は初めて、あるいは久しぶりに「自分」に真剣に向き合うようになります。彼らのほとんどは、小中高大という学校生活を通して、自分に真摯に向き合うことよりも良い学業成績を維持することに努力してきました。そして、他者からの評価や期待、良好だが浅い人間関係などに時間を費やし、気持ちを疲弊させてきました。そこからのリハビリテーションが人間塾で始まるのです。

つまり、日本のどこの教育機関でも行っていない人間教育、「自分と向き合う」「自分の軸を持つ」「自分の使命に生きる覚悟をする」ということを徹底的に考え、導いていくのが人間塾なのです。

もちろん、ストレートに「自分に向き合いなさい」と言ったところで、塾生たちがすぐにそのようにできる訳ではありません。今まで「自分と真剣に対峙する」経験のない場合は、戸惑う者もいます。また自分の嫌な側面を見たくない気持ちが強くなり、不機嫌になる者もいます。プライドの高い塾生は、私に反発したり、表面だけ話を合わせることもあるのです。

「真剣勝負」の経験で変わっていく

しかし、私は決してあきらめないのです。最後まで手を離さないでいたいと思っています。最近は大人しい塾生が多くなったのか、白熱した議論の機会が少なくなりました。これは寂しいことです。その塾生の将来を思い、その人の可能性と能力を最大限に引き出すことが私の使命であるとするならば、私は躊躇せずに、塾生に誠実に向き合いたいと思っています。すなわち、ダメなことはダメであると示すこと。そしてそれに反発してくる塾生の気持ちを受け止めること。しかも真っ直ぐ、真剣に受け止めることが大切だと思っています。時には近づき、時には突き放すことも必要です。塾生からの評価ではなく、彼らの人間としての成長が、私の仕事の成果であると信じています。

このような私の「本気さ」と「真剣さ」が伝わると、塾生たちの態度も徐々に変わっていきます。自分の人生にこれほどまでに深くかかわってきた他人はいなかったという驚きが、自分のことをこんなにも深く思ってくれる人がいることへの興味に変わっていくのです。

そして、このような真剣勝負の場面をいくつも経験していく中で、塾生たちは自らの人生の本質的な部分に目を向けるようになります。自分でも薄々感じていた心の中の引っ掛かりに気づくのです。そして自分と向き合わなくてはならない状態が生まれてきます。そこまであの手この手で誘《いざな》っていくのが、私の仕事なのです。そして自分の心の奥を見つめようとする塾生の傍らで、同じものを見つめながら、彼らの背中をそっと押していくのです。

自分と向き合うことを恐れず、人生の意味を考え、自らの使命に気づいていく。このような一連の人間教育を行うことで、塾生たちはひとつの大切な願いに行き着きます。それは、自らの能力や技術、可能性を駆使して、人々のために役立つ人間になりたい、という願いです。自分がこの願いを持った人間であることに気づいた塾生は、本当に大きく成長し、変わっていきます。この願いの先には、彼らの使命があるのです。それに一歩でも近づいていくような若者を育てたい。それがこの人間塾の社会的使命であり、私が心血を注ぐ教育の在り方なのです。

コラム

「支え合いの中で生きている」ことを学ぶ「お遍路研修」

人間塾では、毎年、香川県小豆島で「お遍路研修」を行っています。例年5月のゴールデンウィークを利用して、全塾生が小豆島に向かいます。毎年、4日間ほどの行程で、「歩き遍路」をしています。お遍路のメッカである小豆島でも、今ではお遍路さんをする方が少なくなってきたと聞きます。しかし、人間塾では、きちんと白装束に身を包み、手には金剛杖を持ち、頭には笠を被って、ひたすら歩く人生の鍛錬を行っています。

「歩き遍路」はなかなかたいへんです。最近は本四国の霊場（寺）を車やバスで巡拝する人も多くなってきたと聞きますが、人間塾では若い間に「歩き遍路」を経験させています。

最初は楽しくハイキング気分で歩き始めますが、小豆島は山岳霊場が多く、アップダウンのきつい巡拝道です。塾生たちは、だんだんと無口になり、ついには息が上がってきます。一日の終わりには、日焼けした顔で宿舎に戻ってきます。

しかし、これは体力を養うために行っているのではありません。また宗教行事として行っているのでもないのです。最初は仲間と楽しく歩き始めますが、だんだんとただひたすら歩くこと、歩を前に進めることに集中してきます。そうすると、人間は考え始めるのです。なぜ自分は歩くのか。なぜ自分は生きているのか、なぜ自分はこの世に存在しているのか……。

普段は考えもしなかったことに思いを馳せ、人間としての根源的な問い、すなわち「なぜ自分は生きているのだろうか」という問い掛けに、思いを巡らしてほしいのです。

4日間も歩いていますと、島の人々の親切に触れ、お接待の機会にも遭遇します。お接待とは、土地の方々がお遍路さんにお茶やお菓子を提供し、その疲れを労い、無事に遍路が続けられるように願う風習です。喉が渇いたときには一滴の水のありがたさを、雨に降られたときには太陽の光の温かさを、実感をもって体験します。やがて、塾生たちの中に変化が生じてきます。

それは、「多くの人に支えられて生きている」ことへの気づきです。「自分は多くの人に支えられて生きている」という現実を、身をもって知ることができれば、生きていること自体に感謝の思いが湧き上がってくると思います。そして、自分もこの「支え合い」の輪の中に生きていることを自覚して、自らも誰かの支えになりたいと願う人間に育ってほしいのです。

第 2 章

「人間教育」を行う場が求められている

02

悩みを打ち明ける相手

人間塾では、塾生たちが塾長である私に対していろいろな話をしてくれます。キャンパスライフで困ったことや、経済的な悩み、進路の相談、将来への不安、さらには家族や友人との関係など、多岐にわたってアドバイスを求めてきます。

真剣に助言を求めてくる塾生に対しては、私も真剣に回答をします。気がついたらびっくりするくらい長い時間話し込んでしまいます。

もちろん、そのような真剣な話題だけではなく、他愛のない話のときもあります。今、夢中になっていることや、こんな面白いことが日常生活の中であったなどのおしゃべりをすることもありますし、時には「気になっている人がいる」などの恋の話になることもあります。

余談ですが、人間塾の修了生たちが結婚報告をしてきます。その中にはかつての塾生同士のカップルもいます。在塾中は塾内恋愛禁止と、私は言っていますので、秘めたる恋だったかもしれませんが、彼らの幸せな姿を見ていると、こちらまで嬉しくなってきます。

そのような日々の中、まさしく公私を問わず、塾生たちの「人生」に関わっている私に、ひとつの疑問が浮かびました。人間塾の塾生たちには、私のような相談相手になる大人が他に居るのかどうかという疑問です。他の一般的な学生たちに対しては、いったい誰がその役割を担っているのでしょうか。

そこであるとき、塾生たちに「塾長面談で話すような悩みは、いつもは誰に相談しているのか？　大学の先生たちが相談相手になってくれているのか？」とたずねましたら、次のような言葉が返ってきました。

「大学の先生には、授業や研究については話しますが、悩みの相談はほとんどしないです」

私と同じくらいの世代の方は驚かれたのではないでしょうか。ひと昔前の大学教員のイメージといえば、ただ講義をするだけではなく、学生たちにとって人生を導いてくれる「恩師」という存在だったと思います。学問以外にもいろいろな話をして、就職や進路の相談だけではなく、人生の悩みなどに答えてくれました。私自身も学生時代を振り返ると、自分の人生に大きな影響を与えてくれた恩師の顔が何人も思い浮かびます。

そして、私も大学教員となってからは、かつての恩師たちと同じように学生の助けになりたいと思って教壇に立ってきました。学問を通じての教育はもちろんのこと、それ以外のことであっても学生が悩み、道に迷うようなことがあれば、積極的に相談に乗りたいと思ってきました。それは自分にとって決して特別なことではなく、大学教員としては当たり前の仕事だと捉えていたのです。

しかし、そのような経験談を現在の人間塾の塾生たちにしても彼らはあまり実感がないようです。人間塾の塾生だけがそうなのかとも思いましたが、彼らに言わせると、「人生相談ができるほど親しい間柄の先生は、周囲にはあまり居ない」というのです。

つまり、今の大学生にとって大学教員という存在は、「講義をする人」「研究の指導をする人」であって、自身の悩みや不安を打ち明け、夢や目標に対してアドバイスを与えてくれるような近い存在ではないようなのです。

今の大学の実態はそうなのかと驚かれるかもしれませんが、実はこのような状況を裏付けるような調査がたくさんあります。

たとえば、全国大学生活共同組合が毎年行っている「学生生活実態調査（学調）」というものがあります。その２０１６年調査の中から、大学生が生活の悩みを相談する相手がいるかという質問に対して30大学、１万１５５名分を抽出・集計した結果によると、何らかの不安や悩みを抱えている学生の83・５％（男子78・３％・女子89・６％）が、相談相手がいると回答しています。

では、いったい誰に相談をしているのかというと、「友人」（38・8％）と「親」（24％）が上位を占めていて、大学教員に相談をしている学生はわずか数％だけでした。

また、東京大学が毎年学生を対象に行っている学生生活実態調査（2018年版）でも同じような結果が出ています。不安や悩みを感じたときの相談先として、「父・母」をあげた学生が44％と圧倒的に多く、次いで「サークルや団体の友人」（36・7％）、「大学外の友人」（36・1％）、「同じ学科や研究室の友人」（31・3％）と「友人」が続きます。「大学の教職員」と回答した学生はたった3・5％です。

そして、このような実態は私たちの調査でも浮かび上がっています。

人間塾では2020年8月、一人暮らしをしている学生がコロナ禍でどれだけ深刻な状況にあるのかを把握するために、400人を対象にインターネット調査を行いました。その調査の中で、「学業を続けられるのか」と「将来就職できるのか」という2つの不安について誰かに相談をしたかと質問したところ、「誰にも相談していない」という学生が三人に一人の割合でいることがわかりました。

新型コロナウイルスの感染拡大によって経済的に苦しいのは親も一緒です。また、周囲の学生や友人たちも自分と同じような状況に陥っています。そのような人々を相手に、学業や就職の相談をしても良いものかと考えて、一人で悩みを抱え込んでしまっている学生が多くいることが窺えたのです。

通常ならば、学生たちが頼る相手である「親」や「友人」に相談できない状況ならば、大学教員への相談が増えるのではないかと想像しますが、実態はそうではありません。

この２つの悩みについて、教員に相談をしたのは８・３％から８・８％です。「恋人」の半分以下で、「バイトの知り合い」よりも少し多い程度です。つまり、コロナ禍によって経済的な悩みを抱えている学生は誰にも相談せずに一人で奮闘していたのです。そしてその中でも大学教員に頼った学生は、１割にも満たない結果でした。

大学教員のジレンマ

これから子どもが大学に進学する予定の保護者の皆さんからすれば、この調査結果は多くを考えさせられるものではないでしょうか。

大学へ進学する理由は人それぞれですが、まず学問を修めることが第一の目的だと思います。さらには、大学在学期間を通じて、友人や恩師との出会いの中で、人間としての成長を親としては期待します。

しかし、今の大学の多くは、残念ながらその期待に応える場所にはなっていません。確かに、多くの友人と交流をする場ではありますが、一方で、大学教員との関りは積極的な姿勢を持たないならば、授業を通じてだけのものになってしまうおそれがあります。

大学とは卒業要件に必要な単位を取得するだけの場所ではないはずです。日々しっかりと学問を修めながら、人間としての成長の機会を数多く与えてくれる場所でなければなりません。

大学教育に多くを求める方もいらっしゃるかもしれません。高い授業料を払っているのだから、大学教員はもっと学生たちの志や夢をサポートして、人間教育にも力を入れてほしいと感じる人も多いことでしょう。

実は大学教員も同じことを望んでいます。授業や実習において学問を教えるだけではなく、人間としての成長を促すような指導をしたいと考える大学教員は決して少なくありません。

人間教育にも力を入れた方が、学生たちの学びのモチベーションが上がるのは周知の事実です。その結果として、学生たちの学業成績にも良い影響をもたらすと同時に、学生と教員の信頼関係も育ちます。

自分のことを言うのは恐縮ですが、私は大学教員時代、学生からの授業評価で高い評価をもらうことがよくありました。講義では学生がたくさん受講してくれ、教室がいっぱいということもありました。ゼミにも熱心な学生たちがたくさん集まってくれ、たいへん充実した教員生活を送りました。もちろん、さまざまな相談にも乗りましたし、就職活動のときにもできる限りのアドバイスをするように心掛けていました。

いずれの学生にも、私は一人の人間として向き合おうと努力しました。教員として、目の前にいる学生がどのようにすれば、人間として大きく成長できるのかということを常に考えていました。よって人間として、これは変だなと思うことがあれば、厳しく注意をしました。本人のためになることであれば、言うべきことは言おうと思っていました。実は私は学生たちから評価される一方で、「大学でいちばん怖い先生のひとり」としても知られていたのです。

厳しいだけでなく、学生たちの個人的な悩みや相談には真剣に向き合うことが大切だと思います。気がつけば、私は、卒業後の進路はもちろん、家庭の問題や人間関係、さらには将来の夢に至るまで、さまざまな相談を持ちかけてくる学生たちに囲まれるようになりました。そして、その経験は、私自身を教員としてだけではなく、一人の人間として成長させてくれる機会にもなりました。

「授業だけして終わり」ではない

これは私だけに限った話ではありません。大学で学生たちから信頼が寄せられている教員というのは、「授業だけして終わり」というような人たちではありません。学生個人と向き合い、一人の人間として接するよう心掛けている人間性豊かな教員たちです。

つまり、人間教育に力を入れるということは、学生たちとの信頼関係を築くとともに、彼らの学習意欲を高めて、大学教員としての役割を全うする一助にもなるのです。この人間教育の効果については、多くの大学教員は十分に理解しています。

しかし、大学で一人ひとりの学生に向き合い、腹を割って話し合い、互いの信頼を育てていくことは、決して容易なことではありません。

たとえば、一人の人間として学生に向き合えば、時として意見がぶつかり合う場面も出てきます。私も、人間塾で多くの塾生たちと向き合う中で、彼らとぶつかることが幾度となくあります。この塾生は今のうちにこの欠点を修正した方がいいだろうと感じたら、嫌がられることを恐れずに、率直に指摘します。人は痛いところを突かれれば当然、良い気持ちはしないものです。あからさまに不機嫌な態度になる塾生もいます。

しかし、私はその塾生本人が将来、社会に出たときのことを考えて指導していますので、私が言わなければ誰も言う人はいないだろうと思えばなおのこと本人に伝えるようにしています。もちろん、指摘されたことに対して、反論をしてくる元気な塾生もいますので、そういうときは十分に議論し、意見を交わしたいと思っています。

このような難しさがあるにしても、人間教育の効果があることは多くの大学教員もわかっているのです。にもかかわらず、学生の悩みや不安の相談に乗っている大学教員が10%にも満たないという現状があるということは、もう一度考えてみなくてはならないことだと思います。大学教員が、学生と深い人間関係を築くことができないままになっているとすれば、大学教育のひとつの大きな課題であると思います。

「人生の師」が必要

ありがたいことに、私自身、大学教員時代にいろいろな経験をすることができました。教授会はもちろんのこと、図書委員会、社会連携委員会など、さまざまな会議体のメンバーになっていました。特に大きな経験になったのは、男女共学化を含めた新学部設立委員会のメンバーになったことです。文部科学省（当時は文部省）への申請書類を揃えるために、構想段階からメンバーになり、大きな学びの機会となりました。大学の運営はもとより、いろいろな領域で多くの人々が働き、知恵を結集しなければ大学は存在しないことを学びました。その当時は、目がまわるほど忙しい日々でしたが、今では懐かしい日々です。

このような実体験があるものですから、「教育・研究以外の業務が多すぎる」と訴える大学教員の皆さんの気持ちがよくわかるのです。

今の大学教員たちが、学問を教えること以外に学生たちの悩みや不安に寄り添い、人生の指針を示すことをしたくてもできない状況は、たいへん苦しいものと思います。

また、少子化が急速に進行していることで、多くの大学の経営は年を追うごとに厳しくなっています。かつて日本の大学は「入学するのは難しいが、卒業するのはそれほど大変ではない」と言われていました。大学への入学希望者総数が入学定員総数を下回るようになってきたことで、経済的余裕があって、選り好みをしなければ誰でも大学へ進学できる「大学全入時代」という言葉がささやかれるようになりました。

その大きな時代の変化を感じるのが、一部の大学で起きている「定員割れ」です。日本私立学校振興・共済事業団が２０２０年10月２日に発表した、２０２０年度私立大学・短期大学等入学志願動向によれば、募集した定員よりも入学した学生の数が少ない、いわゆる定員割れとなった大学は１８４校でした。これは、全大学の31％を占める割合となっています。つまり、３大学（短期大学も含む）のうち１つは、学生を集めることに苦慮しているということです。

このような厳しい経営環境の中で、大学教員の参加が求められる教務関連の仕事の重要性が高まっています。どうすれば学生が入学したくなるような大学になるのか。どうすれば学んでみたいと思わせる魅力的なカリキュラムをつくり出せるのか。

このような難しいテーマに、今の大学教員たちは向き合わなくてはいけないのです。もちろん、その間にも、学生たちに授業や実習を行わなくてはなりません。それが第一の責務です。その上、試験の作成、試験監督、採点、成績評価をしなくてはなりません。それと同時に、自分自身の研究テーマに従って、年に何本かは論文発表や学会発表を行うことが求められています。

やらなくてはいけないことが山ほどある中で、学生たちの悩みや不安の相談に乗る時間を教員たちはつくることができるのでしょうか。人としてどうあるべきか、何のために生きているのかというような、人生の課題に向き合って学生と意見を交わし、一緒になって考えることを教員たちに求めることができるのでしょうか。

学生と深い人間関係を築きたいと頭では考えていても、そこまで踏み出す時間と心の余裕が生まれにくいのではないでしょうか。

同じキャンパス内にいれば、学生たちもその雰囲気を察するでしょう。だからこそ、自分の悩みや不安の相談を大学教員にではなく、「両親」や「友人」にしてしまうのではないかと思います。

ただ、このまま放っておいていいのでしょうか。確かに、自分の悩みや不安を打ち明けられる「両親」や「友人」に恵まれているということは、幸せなことです。そのような関係性は、これから大人になっても大切な「財産」になるでしょう。

一方で、世の中には「両親」や「友人」だけでは十分なアドバイスができないときがあります。冷静な視点から、客観的に問題を捉え、人生の意味を説き、その学生に必要な進むべき道を示してくれる「師」の存在が必要です。我が子でも友だちでもない存在。教える者と学ぶ者という関係性の中で、人生において大切なことを伝えていく「大人」の存在が必要です。

そのような「大人」が昔は大学の中にたくさん居たものです。講義の内容はあまり印象に残っていないけれど、研究室には常に学生たちが集い、人間関係から将来の夢に至るまで、いろいろなことを話せる教授がいたのです。授業が脱線しても、その話の中に人生の深みを感じさせる先生が確かにいました。自分が学生時代に悩んだことを話してくれる先生に親しみを感じることもありました。そんな学問以外のことを教えてくれる「大人」たちから大学生活の４年間にさまざまなことを吸収して、学生たちも「大人」の仲間入りをしていったのです。

若者の志を育てるために

しかし、これまで紹介したように、今の大学では、学生たちにそのような人間教育を伝える教員は少なくなっています。多忙な日々の中で、悩みや不安に寄り添うことも難しい状況で、学生たちと真正面から向き合い、その学生に必要なアドバイスを親身になって伝えていけるのでしょうか。

大学現場の中で教員に多くを求めることが困難な状況であるならば、これを誰かがやらねばなりません。日本の未来を担う若者の志を大きく育てること。彼らが、立派な社会人に成長するために、誰かが彼らの悩みや不安に寄り添い、進むべき道を共に考えていかなくてはいけません。

実はそれこそが、私たちが人間塾を設立した理由のひとつなのです。アルバイトに追われて学業に集中できないのでは本末転倒です。大学で思う存分学びながら、部活やサークルに打ち込むことも大切です。さらには、さまざまな人間関係も築いてほしいと思います。学生たちが心の中に持っている志や将来への夢を応援するためには、給付型奨学金と人間教育の機会を提供することが大切だと考えたのです。経済的支援だけではない、精神的な支えを含んだスカラーシップの概念を作り出したいと思い、人間塾の設立に進んでいったのです。

このような経済的支援と教育的支援の2つのサポートによって、若者は自分が受けた「ご縁」と「恩」に感謝しつつ、今度はその「恩」を次世代へと繋いでいく「恩送り」の重要さを知っていくのです。これこそが、「人間塾型スカラーシップ」の最大の特徴なのだと考えています。

見知らぬ人からの善意

「恩返し」は、童話や伝説などを通じて教えられ、学んできた大切な概念です。しかし、人間塾では、「恩返し」は人として当たり前の行動である、よってその考え方だけに止まってはいけない、と諭します。今の世の中、「恩返し」はおろか、「恩知らず」の言動が多々見られるのに、恩返し以上の何があるというのだ、と訝《いぶか》しがる人もいるでしょう。しかし、人間塾で学んだ若者たちには、「恩」というバトンを他者に手渡してほしいと私は願います。

塾生に将来はどのような人になりたいか、とたずねると、何人かに一人は必ず、「自分を今まで応援してくれた人に恩返しできる人間になりたいです」と答えます。これは立派な答えですし、すばらしい心掛けです。しかし、私はそのように答える塾生に「恩返しは当たり前の行為です。人から受けた親切に対して、直接その人に感謝の気持ちを持つことは当たり前であり、それは親切を受けたあなたの務めです。人間塾ではそれ以上のことを求めます」と伝えます。

このように言われた塾生は一瞬びっくりします。「恩返し」だけでは十分ではない？　それ以上のことを求める？　いったいどういう意味なんだろうか、と。

私たちは、見ず知らずの人から善意の気持ちを受けることがあります。サポートや応援を、顔も名前も知らない人から与えられることがあります。それが本当にありがたく、その温かさが身に染みる経験は皆さんにも覚えのあることでしょう。そして立ち止まって考えます。なぜ、その人はそのような温かく心のこもったことを、見ず知らずの自分にしてくれたのかと。

私は、大学を卒業してすぐにアメリカに留学しました。右も左もわからない日本人が、スーツケースひとつで、アメリカの大地に降り立ったのです。これからの留学生活が一体どのようなものになるのか、何の予想もないままに、無我夢中で留学をしたのです。

入学予定であった大学から指定された学生寮へ入った日のことです。アメリカでの学生生活の初日でした。学生寮の受付に、私宛に一通の手紙が届いていました。Ｊ・コレットという女性からでした。私にはまったく未知の人からの手紙でした。手紙の内容は、次のようなものでした。

「私の親友が東京にあるあなたの母校で教授をしている。彼女からセントルイス大学へ行く卒業生がいるので、今後一切の面倒を見てあげてほしい、と手紙をもらった。よって、私のことをあなたのアメリカでの親と思って、困ったことやわからないことがあれば何でも聞いてほしい。明日の午後６時、学生寮にあなたを迎えに行くので、そのときに会いましょう」

私はたいへん驚きました。その驚きは二つありました。ひとつ目は、私は母校のそのアメリカ人教授の授業を一度も受けたことがないのに、私のことを気にかけてくれていたこと（彼女もセントルイス大学大学院で博士号を取得していました）。二つ目は、コレットさんが見ず知らずの私にこんなにも親切にしようとしていること。アメリカでの一人暮らしに加え、言葉への不安、そして大学院という新しい世界を前にして緊張している私に、コレットさんという人物が与えてくれた安心感には測り知れないものがありました。

後で、コレットさんと親しくなってからわかったことですが、彼女自身も海外での生活が長く、滞在先で見ず知らずの人から受けた恩をいつまでも忘れることはないと話しておられました。

また東京の母校のアメリカ人教授も、同じことを言っておられました。自分が日本という異国に来て、長く教師生活を送ってこられたのは、自分の意志の力だけではなかったと思う。多くの人々の支えがあったからこそ、異国での教育に情熱を注ぐことができた、と。

「恩送り」は世界を変える

まさしく、これが「恩送り」ということなのです。私は、人間塾で学んだ塾生たちに、このような「恩送り」の精神を持ってほしいのです。顔見知りの人に親切でいるのは当たり前。見ず知らずの人であっても、思いやりを持って接することができる。自分がかつて、誰かが与えてくれた「嬉しかったこと」「助けられたこと」「ありがたいと感じたこと」を、今後は誰かほかの人に惜しみない心で行える人間になってほしいと願っているのです。

自分が受けた「恩」に対して、心の底から感謝するならば、その思いを誰かに伝えたくなるものです。自分の心の中だけに閉じ込めておくことはできなくなるのです。嬉しい気持ちがあふれてくるとき、そこには打算的な思惑は一切ありません。ただ、自分の受けた善意を、誰かに送っていくこと、先へ先へと送っていくことで、感謝の輪が広がっていくのです。

自分が生かされていること、命をもらって今生きていること、長所も短所も含めて、自分という存在が受け入れられていることに感謝する。そして、「恩送り」を通じて、この世界全体に「恩返し」をしていくことが必要ではないかと思うのです。

「はじめに」のところで「恩送り」についてスピーチをした塾生の言う通り、ただ恩をお返しするだけではなく、自らが積極的にこの恩を誰かに手渡していくことが大切なのです。そしてこのような心掛けと実際の行動が、間違いなく社会をより豊かな場所に変えていくと、私は信じているのです。

以前見た映画に『ペイ・フォワード　可能の王国』（原題『PAY IT FORWARD』ワーナー・ブラザーズ）という作品があります。２００１年に日本で公開され、高い評価を受け、広く知られている作品です。ストーリーは、ある中学校の社会科の先生が、生徒たちにこんな課題を出したところから始まります。

「世界を変える方法を考え、それを実行してみよう！」

しかし、ほとんどの生徒にとってはピンとこない課題でした。中学生である自分が考えた方法で、本当に世界が変わるわけはないと、最初からあきらめている者もいます。

しかし、そんな中で一人の生徒が、誰でもいいから三人の人に何か良いことをしてあげる。そして、してもらった人は、自分も必ず三人の人に良いことをしてあげる。それがきちんと続いていけば、3×3×3……と「善意」のバトンタッチが広がるはずです。そしてやがては世界が少しずつ変わっていくのではないかと、この生徒は考えたのです。

実際に、彼はまず自分から始めてみました。そして、彼の善意を受け取った人は、彼に何かを返すのではなく、他の誰か三人にその善意を送らなくてはならないのです。映画の中では、このペイ・フォワード、つまり「恩送り」の行為は、400キロ以上離れたところまで広がっていきます。中学生が始めたひとつの行動がここまで広がるというのは、一人ひとりが何らかの形で「恩送り」の精神を生きれば、世の中は少しずつ変わっていく可能性があるということを示唆しているように思うのです。

老修道女との出会い

もちろん、この映画のお話はフィクションですが、私にはとても身近に感じる、そして実現可能な話に思えて、感動した記憶があります。

私は２００１年に心理学の研究でドイツを訪れました。その研究ではドイツの高齢者施設で行われている福祉事業を調べることが目的でしたが、私にはドイツに知り合いも友人もいませんでした。そこで、自分の母校が国際的なミッションスクールであったので、ドイツにある姉妹校を通じて、どなたか高齢者施設の研究に協力してくれる方はいないかと聞いてもらうことにしました。私は、ドイツにある姉妹校や姉妹校を運営している修道院あてに片っ端からファックスを送りました。

すると一人のドイツ人修道女がすぐに返信をくれたのです。ボン在住のイサ・フェルメレンという83歳のシスターからでした。ファックスの返信には、「高齢者施設を紹介し、高齢者福祉の専門家にも会えるようにするので、ぜひ、ボンまで来なさい」という内容でした。

たった一枚のファックスを見ただけで、見ず知らずの日本人に対して、できる限りの協力を惜しまないという内容に、私は驚きました。そして、一か月後、私は彼女をドイツ・ボンに訪ねたのです。

ボンの修道院を訪ねると、私の滞在予定であった一週間のスケジュールのほとんどがシスター・イサによって決められていました。毎日のスケジュールには、訪問する施設や、その領域の専門家との面会まで網羅されており、一週間という限られた時間の中で、数多くの場所を訪問することができました。

数十名のお年寄りにも詳細なインタビューをすることができました。特に印象的だったのは、コール首相時の青年・家族・婦人・保健大臣を務めた、ウルスラ・レーア博士との出会いでした。西ドイツ、更には統一後のドイツの高齢者福祉の土台をつくった人物です。出会ったときはすでに大臣を引退され、ハイデルベルグ大学の高齢者研究所の所長をしておられました。私にとっては、ドイツにおける高齢者福祉の権威であり、最も専門的な立場にある人物に出会えたことは、大きな人生の宝になりました。

そして、一週間の調査を終えて、いよいよ日本に帰国するという前夜、イサが修道院で食事会を催してくれたのです。楽しい食事も終わりを迎えたときでした。私の隣に座っていた人が、私に「このイサさんはすごく興味深い人ですよ。後で詳しく聞いてごらんなさい。ナチスの強制収容所の生き残りですよ」と言われたのです。

希望や勇気を、他の誰かに与えたい

私は、本や映画では強制収容所の話やホロコーストについては見たことがありますが、実際にそこから生還した方に直接会ったことはありませんでした。そこで私は、イサに「あの……、たいへんな人生の経験をされたと聞いたのですが……」と少々くちごもって話しかけました。するとイサは、「聞きたい？」と言い、自らの経験を話し始めました。

自分が反ナチスの家族の中で育ったこと。弟をイギリスに逃すために（両親と兄と自分はすでにナチスに目をつけられており、捕まる可能性が高かった）、さまざま画策したこと。反ナチスのコミュニティに出入りしていたことなど、話を聞かせてくれました。弟がイギリスに無事到着したかもわからないままに、イサは逮捕され、強制収容所に入れられました。彼女は、リューベック生まれの生粋のドイツ人です。ユダヤ人ではありません。しかし、ヒトラーの考え方やナチスの政策に両親は強く反発しており、正義や自由を議論するような家庭環境で育った人でした。

　二か所の強制収容所を経て、最後は、アウシュビッツと同様に悪名高い、ダッハウの収容所で解放されました。収容所での日々の中で、彼女には何人かの忘れられない人々がいたそうです。どんなに悲惨な状況であっても、希望を持って生きることを教えてくれた人。絶望の中に生きるのが普通なのに、祈ることを捨てなかった人。今、自分が生きているのは、いろいろな人から受け取った命であり、彼らがこの世で精一杯生きた証が、自分の人生を支えてきたのだと語ってくれました。

　彼女の話を聞くうちに、イサの私に対する親切は、日本人だからとか、調査で困っているからという理由だけではないような気がしてきました。自分がかつて与えられた希望や勇気は彼女の心の大切なところに今も生きていると感じました。しかし、それらを与えてくれた人たちの多くは強制収容所で殺されてしまいました。その人たちにイサは恩返しをしたくてもできないのです。それよりもイサが今していることは、「恩送り」だと思いました。自分が出会った人には、できる限りの協力を惜しまず、自らの知恵や経験はもとより、人脈を駆使してその人の役に立とうとする人でした。

　この人の魅力に圧倒された私は、再びイサに会いにボンを訪問しました。２００９年にこの世を去りましたが、彼女からもらった「恩送り」の賜物を、私も人の手に送っていきたいと思っています。

日本でも２００１年に、東京の新大久保駅で線路に転落した人を助けようとして、電車にはねられて亡くなったカメラマン男性と韓国人留学生がいました。自らの命の危険も顧みず、とにかく転落した人を助けなくてならないという一念でとっさに行動をとった人たちです。このような勇気ある行動、しかも人の命を守るために力を尽くす人の人生に触れると、私自身の心も大きく揺さぶられます。そして、このような思いと行動が、殺伐としがちな世の中を変えるのだと思います。

マザーテレサが告げた意外な言葉

「恩返し」という行為はすばらしいものですが、同時に「一対一」対応の関係性の中で完結しがちです。そして、お世話になった人、支援してくれた人に、一通りのお返しができれば安心してしまうのが普通です。その他の人々に対して、自らの主体的行動として善意を広めていこうとするには、改めて強い意志を持たなければ実践するのは難しいと思います。

すなわち、「恩返し」から「恩送り」への転換には、善意の連鎖への希望を持つか否かの「当事者」としての決意が必要です。世界をもっとより良い場所にしていくことに対して「アウトサイダー」（傍観者）になるのではなく、「アンガジェ」（かかわる者）でいようとする志が不可欠なのです。そのような志を持って生きることを是とする若者たちを育てていくのが、人間塾に期待されている働きであると、私は捉えています。

1981年4月、インドからマザーテレサが初来日されました。私は大学一年生で、入学してまだ一か月も経たないころでした。大学時代、キャンパスの中にある学生寮に住んでいた私は、朝から大学構内が美しく整えられ、守衛さんたちが忙しく仕事をしている様子に気がつきました。いつも親切にしてくれる守衛さんに、「どなたか来校されるのですか？」とたずねると、「マザーテレサさんが来られるんですよ」と一言。中学生のころからマザーテレサについて学ぶ機会があり、尊敬の気持ちを抱いていた私は、マザーテレサのお顔を一目見てみたいという単純な理由から、大学の正門のところで彼女の到着をずっと待っていました。

一時間ほど待っていたでしょうか（待っていたのは私だけでしたが）、マザーテレサを乗せた車が正門をゆっくりと入ってきました。私の母校は正門から校舎のある場所まで美しい桜並木があり、春が待ち遠しくなるほど、その光景は美しいのです。その残り桜の並木道をゆっくりと車は走っていきます。私は思わず車に並走して、車中に座っているマザーテレサに手を振り続けました。

通訳として横に座っている方が、偶然にも私の恩師でしたので、窓を少し開けて「仲野さん、いったい何をしているの？」と言われました。私は大きな声で、「マザーテレサに会いたくて走っています！」と答えたのです。

そうこうしているうちに、車は、大学構内の車寄せに停まりました。追いかけて走っていた私も車寄せまでたどり着きました。すると、たくさんの学生が建物の入り口に集まっているではありませんか。

そこで一人の学生がマザーテレサの前に歩み出て、こう挨拶したのです。

「私たちは恵まれた学生生活を送っています。本当の貧困を経験したこともないですし、死に直面もしていません。こんな私たちでもマザーテレサのお仕事の一端をお手伝いすることはできますか？」

マザーテレサは、その学生の言葉をじっと聞いていました。そして、ゆっくりとこう言われたのです。

「あなたの気持ちはよくわかります。しかし、インドに来てボランティア活動をしようなんて思ってはいけませんよ」

身近な人に心を寄せること

この言葉を聞いて、私は驚きました。恵まれた日本社会で生きているならば、一度はインドへ来て、すさまじい現状を見て、何か手伝えることを探しなさい、とでも言われるかと思っていたのです。しかし、マザーテレサはそうは言わなかった。そしてこう続けたのです。

「学生生活の中で、あなたの周りに孤独を感じている人はいませんか？　たった一人でポツンと食事をしている人はいませんか？　悲しみや苦しみを押し殺して、つくり笑顔で生きている人はいないのですか？　たぶん、あなたの周りにそのような人が一人か二人はいることでしょう。その人に今日、あなたは声を掛けましたか？　インドに手伝いに来る代わりに、あなたの周りの孤独な人に声を掛けなさい。あなたの周りの人を大切にしなさい。

その行為が、インドで働く私たちとつながり、共に生きることになるのですよ」

私は、感動しました。心から感服したのです。困難な状況に生きる人に、今すぐ直接的に手助けができなくても、まずは自分の身近なところにいる人に心を寄せる。周囲の人を気遣い、誠意を持って接する。このような小さな行動が、海を越えて、マザーテレサの働きと同化していくと理解しました。この大学一年生のときの経験は、40年以上経った今でも、私の心の中にしっかりと根を下ろしています。

このような豊かな発想を持ち、現実的な行動を迷わず行えるような若者を育てたいと常に思っています。それは自分自身の学生時代の経験に土台があるからなのです。

「親」も共に学ぶのが人間塾

人間塾の教育方針の特徴のひとつに、塾生の親も共に学ぶということがあります。

人間塾で10年間、多くの学生とその保護者のみなさまとお会いしてきましたが、そこで私が強く危惧しているのは、年を追うごとに、親からの自立が上手にできない学生、そして子どもの自立を喜べない親が増えてきているということです。

例えば、勉学面は非常に優秀、部活動も積極的、たくさんの友人にも囲まれているような学生でも、自分の卒業後の進路や将来のことなど、親に聞かないと自分ひとりでは何も決められないというケースが増えてきました。また、保護者側も、子どもの意思とは関係なく、「卒業後はこういう仕事をしてほしい」などという自分の希望を一方的に押し付けているような方も目立つようになっています。

もちろん、これは日本の親子関係ではかねてから存在していた傾向でもあります。かつて私が駆け出しの研究者だったころ、欧米と日本の親子関係の特徴を調査したことがありました。欧米の母親は、「自立心、独立心を大切にしながらも、他者とのかかわりが上手にできる人間になってほしい」と願う声が多く確認されましたが、日本の母親からは、「人に迷惑をかけないで、だれからも好かれる人間になってほしい」と願う声が多く聞かれたのです。

この調査結果を受け、私は子どもを理想的なモデルケースのような枠にはめていって、最終的には親の自己満足に終わってしまうような子育ての在り方に大いに疑問を感じ、このことをテーマに学術論文を書いたことがあります。しかし、残念ながら、今の日本ではこのような親子関係がまだ続いている印象を受けています。

だからこそ、親も子どもと一緒に成長をしていく必要があるのです。

人間として大切なことは何かということを考えていただくことで、人間を小さな枠にはめることの愚かさ、そして自分の思い通りになるという錯覚、さらには、自分の敷いたレールの上を走らせようとする傲慢さが、子どもたちを苦しめるということを共に学んでいただきたいと考えています。

人間塾は、塾生だけではなく、その親にとっても「人間の成長には終わりがない」ということを実感していただける生涯学習の場となっているのです。

第 3 章

人間力を高めるための場

03

給付型奨学金と人間教育を一体化

現在の日本では、日本学生支援機構などの給付型奨学金を受給できない一般家庭の学生がたくさんいます。それは経済的条件が厳しく設定されているために、ある程度の収入が確保されている家庭は対象にならない場合があるからです。

複数の子どもが大学に同時期に在籍したり、住宅ローンの返済を抱えているなど、経済的に余裕がない家庭は多く見られます。そのような家庭の子どもたちの大学での学びを支えていくには、返済不要の給付型奨学金という、欧米で普及しているスカラーシップ制度を充実させることが必要です。ここ数年、収益の多い企業が財団法人を設立し、給付型奨学金を提供しています。

このような企業をバックにした財団法人の中には、一定の金額を多くの学生に提供している団体もあり、学生たちへの経済的支援においては大きな役割を果たしています。しかし、その給付方法のほとんどは、学生の銀行口座に毎月あるいは年数回に分けて、一定額が入金されるやり方です。一人ひとりの学生の学問に対する姿勢や生き方については、奨学金団体が干渉することはほとんどありません。つまり、給付型奨学金を受けている学生は、その財団を運営している人々と一度も顔を合わせることなく学生生活を終えることもあるのです。

もちろん年に一回から数回、集まりを行う財団もありますが、一度に数百名、多いところでは一〇〇〇名を超える学生を支援している財団では、一人ひとりに人間的な付き合いを行うのは、難しいように聞いています。

そのような現状を考えた上で、私たち人間塾では、スカラーシップと銘打って、給付型奨学金と人間教育を一体化させたプログラムをスタートさせたのです。一次審査の書類選考に始まり、二次審査は面接を行います。この面接審査も、じっくりと話を聞き、学生本人の将来への展望や夢を語り合います。これらの選考を経て、志ある学生であると判断されてはじめて、人間塾の「井上和子スカラーシップ」を受ける塾生になるのです。

彼らは、人間塾で開催されるセミナーや研修、塾長との面談、そして塾生同士で企画するさまざまなイベントに参加します。また合宿や芸術鑑賞会、クリスマスシーズンの夕食会など、さまざまな教養を高める機会が用意されています。コロナ禍で対面授業や面談が叶わなかったときも、一度も欠かすことなくオンラインでセミナーや研修を行いました。

手厚い教育的配慮を行い、一人ひとりと向き合いながら支援を行うのですから、マスプロダクション、すなわち大量生産のようなことはできません。人間塾では、今のところ定員は30名です。小学校の一クラスくらいの人数だと想像してください。

しかし、奨学金支援を行っている数ある団体の中でも、人間塾は他に類を見ない財団法人であると思っています。それは、一人ひとりの学生が、将来、より良い社会づくりの重要な担い手になると確信して支援を続けているからです。経済的困難に汲々としていては、自分の将来を思い描き、理想に向かって研鑽を積むことに集中できません。そのような不安をなるべく軽減し、自らの能力と可能性を惜しみなく社会で発揮できるための「人間教育」を早急に行わなければならないと私は考えるのです。

そこで読者の皆さんが持つ疑問は、「人間教育などと立派なことを言うけれど、実際、どのようなことを行っているのだろう」ということではないでしょうか。大学生の子どもを持つ保護者からすれば、「人間力を高める」という言葉だけでは、一体どのような学びを行っているのか、形式や内容のイメージがつかめないと思います。

欧米では給付型奨学金制度、すなわちスカラーシップが普及していることを知らない方もいることでしょう。その上、「返済義務のない奨学金がもらえるだけではなく、さらに人間教育までしてくれる」というのは、あまりにも都合のいい話に聞こえて、逆に身構えて、斜めから見る方がいるかもしれません。奨学金を探している学生にとって都合のいい話をして、宗教などの団体に勧誘しているのではないかという人も、残念ながらいるかもしれません。

人間塾は、設立者である井上和子氏の若者たちを支援したいという熱意を土台に、しっかりとした教育理念に基づいて運営されている財団法人です。しかし、そのような盤石な土台に築かれた財団法人であるにも関わらず、人間塾が設立されてから数年間は、うがった見方をする人々からの誤解を受けて、苦しんだ経験があります。

入塾希望者がなかなか増えなかったり、怪しい団体ではないのかと問い合わせが来たりと、人間塾の本質的な部分を知ろうとしない人にも出会いました。また、高額な奨学金を黙って与えてくれるだけでいいのに、余計な人間教育をしているところだと言われたこともありました。

人間塾で行われている教育事業は、返済義務のない奨学金給付はもちろんのこと、若者が一人の人間として、これからの社会で生きていく上での能力の発揮や使命感について考える場を提供するものです。教育の中で最も大切なことのひとつは、自分に与えられた能力や可能性を信じて、それを十分に発揮できるような人間に育てることです。そして、それが世のため人のために活かされるのならば、本人はもちろんのこと、他者のより良い社会への参画にもつながり、幸せの連鎖が広がると思うのです。

このような実にシンプルでかつ本質的なテーマに、塾生たちは日々向き合っているのです。

また、人間塾に集う塾生たちは、大学も学部も学科も異なっています。専門分野が違っているので、お互いに学ぶことが多くあり、またそれらは新鮮な経験になります。互いに意見を戦わせることもあれば、悩みに寄り添い、励まし合う存在にもなっていくのです。

大学を卒業して、人間塾での日々が終われば、彼らは修了生と呼ばれるようになります。人間塾のＯＢ・ＯＧたちのことですが、社会人になっても、結婚をして家庭を持っても、あるいは海外赴任をしても、時折、人間塾を訪ねてきます。そして、後輩である現役の塾生たちの相談相手になったり、時には一緒に食事をしたりと、交流の輪を広げる役割を担ってくれています。

また人間塾には、塾生たちの成長を支援したいと自らの意志で会員になってくださる方々が数百名おられます。この会員の方々の中には、塾生の就職活動時に相談に乗ってくださったり、一緒に研修会に参加してくださる方々もおられます。また塾生たちに季節の果物や地方の名産を送ってきてくださったりと、人間塾のネットワークが全国に広がっているお陰と感じています。

このような、背景の異なる同世代の仲間、全国から応援してくださる会員の方々、そして人間塾の役員や修了生たちに支えられて、塾生一人ひとりは育っていくのです。そのような経験を通して、塾生には、自分の心で感じ、自分の頭で考え、自分にしか語れない言葉で、人生に向き合うことを、私は求めているのです。

「誠実とは何か」を徹底的に考える

実際に塾生たちとどのようなやり取りをしているのか、イメージをつかんでいただくために、ある日のセミナーの様子をご紹介しましょう。

この日、集まった塾生は18名で、各自在籍している大学はさまざまです。国立大学や私立大学はもちろんのこと、専攻分野も異なっています。医学、工学、教育、芸術、国際関係、情報科学、経済など、多岐にわたる分野で学ぶ学生たちです。室内の換気、マスク着用、そしてフィジカルディスタンスに十分注意しながら、この日のセミナーはスタートしました。

セミナーが始まるときに、私が大切にしているのは「挨拶」です。礼儀作法やマナーは、相手への敬意を払うためのものですが、人と人との信頼関係を築くためには必要不可欠なものでもあります。ですから、何事においてもまずは「挨拶」をしっかりと行うことから始めます。

そして、塾生たちからの近況報告を聞きます。コロナ禍において、ストレスを抱えていたり、不安な日々を過ごした経験がある塾生たちですので、近況報告は特に大切です。どのような心境の中で生活しているかを知るヒントにもなります。そしていよいよ本題に入ります。

私はその日、塾生たちに「誠実とはどういうことか？　誠実であることの真の意味は何か？」と問いを投げかけました。

「誠実」という言葉を辞書で引くと、「私利私欲をまじえず、真心をもって人や物事に接すること」と書かれています。しかし、私は抽象的な定義を知りたいのではなく、具体的なイメージを塾生から引き出したいのです。よって、具体的にどのような言動やどのような生き方を誠実と呼ぶのか。それを塾生たちに真剣に考えてもらいたいと思ったのです。

するると、塾生たちからさまざまな答えが返ってきました。


「自他ともに素直であることだと思います」

「正直であることが大切ではないでしょうか」

「正しいことを全うする意志だと思います」

「感謝の心を持ち続けて、自分自身に後ろめたいことはないか、常に自分自身に問いかけること」


いろいろな反応が私に返ってきました。

四月に入塾したばかりのころは、自分の意見を表明することが苦手だった塾生もいます。また、自分の言葉で実感を持って答えるのではなく、教科書的な優等生の答えを探し求める塾生もいました。しかし、セミナーにおいて毎回、自分に問いかけられる質問に対して、繰り返し考え、その思いを発言し、また仲間の意見を聞く中で、塾生たちはゆっくりと育っていきます。だんだんと自分が「こう思っている」ことを、皆の前で発言できるように変わっていくのです。

ほぼ全員からさまざまな意見が寄せられた後、私は塾生にもっと深い思考を求めます。

表面的な生き方では自分の使命を果たすことはできないこと、人からの評価で自分の軸がぐらつくようではだめなんだと、具体的なエピソードを紹介しながら語りかけます。視野を広く持ち、生きることそのものにもっと深い意味を求めなさい。そのときにこそ、「誠実」であることが最も大切な土台になるのだと、塾生に話しました。

相手に嫌われたくない、嫌な人だと思われたくない気持ち。人から好かれたい、いい人だと思われたいという利欲に動かされるとき、私たちは相手に対して正直でいること、誠実であろうとすることが難しくなってしまいます。なぜならば、自分のことを悪く思われたくないという気持ちが先行し、その人の短所や欠点を示してあげることから逃げてしまうからです。

主語を「あなた」に変えてみる

人の幸せを願うとき、どうすればその幸せに近づけるのか、もし少しでもわかっていることがあるならば、その人に正直に伝えることが大切です。

そのような人への姿勢が「誠実」ということだと思いますが、これには危うさが伴います。耳に痛いことを言われたり、欠点を指摘されると、言われた側は言ってくれた人の勇気や思いやりを慮ることなく、嫌なことを言う人だと決めつけることがあるからです。そのような危うさから逃げるために、人間関係が表面的なことだけに陥り、本音で語り合える仲間を持てないままに、貴重な学生時代を過ごすとしたら、これは本当に残念なことです。いわば小さな保身の積み重ねが、やがて「不誠実」という大きな流れに行き着き、物事や人に真正面から向き合うことから、私たちの心を遠ざけてしまうのです。

「誠実」であろうとするならば、自分の利欲に囚われることからいったん離れてみて、相手の幸福を軸に物事を考えなくてはなりません。

この日のセミナーでは、塾生たちに以上のような話をしました。そして、自分に軸を置くのではなく、相手に軸を譲ってみる。例えば、主語を「わたし」から「あなた」に変えて物事を見たとき、どのような新しい景色が見えてくるのか想像してごらんなさい、と伝えました。実は、私自身が、実際に今まで見ていた世界が一変するような経験をしたことがあるのです。そのエピソードを塾生たちに紹介しました。

「ちっぽけな自分」に気づく

私の恩師の一人に速水弥生という方がおられます。この方は、日本画家速水御舟の娘として生まれ、縁あってカトリックの女子修道会である聖心会へ入会し、修道女として生涯を送られました。今からお話しすることは、25年ほど前の出来事です。当時、速水先生は静岡県裾野市にある修道院で生活されていました。

この場所は、富士山を望む広大な敷地の中に、学校や修道院などの建物があり、大自然に囲まれたすばらしい環境です。ある日、私はその地に速水先生を訪ねることになりました。そして、そこに数日間滞在することになったのです。

速水先生は当時、キリスト教と禅の教えについて研究され、宗教の本質について考えておられました。私は速水先生の研究に大きな関心を持っていましたので、数日間の滞在の中でたくさんのことを教えていただきました。

確か滞在して3日目のことだったと思います。速水先生から、「この広大な敷地の中を自由に散策してきなさい。3時間ほどしたら再びお話ししましょう」と言われました。

言われるままに、私はゆっくりと散策をはじめました。富士山を眺め、芝生の広場を歩き回りました。竹林を抜け、鳥の声に耳を澄ませたり、足元の小さな花に目を向けたりしながら、たっぷり3時間の散策を続けました。

すると、あることに気がついたのです。先ほど通った道端にひっそりと咲いていた小さい白い花が、3時間後には少しずつつぼみかけていることに。午後のいちばん太陽が高く昇っているときには精一杯開いていた小さな花びらが、午後4時近くになり、夕方に近づくにつれ、少しずつ閉じ始めているではありませんか。

私は、自分の頭の中で、自分の抱えている問題ばかりに思いを巡らせ、結局、自分の中心から軸を動かさずに3時間を過ごしていたのです。そのとき、道端の小さな花は、自らの命の営みを通じて、私に教えてくれたのです。自分の外に目を向けること、自分以外の小さな存在にも命の営みがあること、そして結局は自分自身もこの大自然の小さな一部分でしかないことを。

「頭から腹への旅」を続ける

速水先生の部屋に戻って、この小さな発見をお話ししました。すると、優しい口調でこう言われたのです。

「あなたは名もない小さな花の中に、全宇宙を見たのね」

「全宇宙を見た……？」一体どういう意味でしょうか。小さな名もない花の中に、全宇宙が存在するなんて、そんなことが可能なのでしょうか。私の頭の中はぐるぐると回り始めました。そして、全宇宙とは一体何だろうと考えているときに、速水先生が次のような質問を投げかけてきました。

「人生で、いちばん長い旅はどんな旅でしょうか」

先生が、物理的なことを聞いておられるのではないことは、私にもすぐにわかりました。

私は、「人生を考える旅ですか」と答えますと、

「それも長い旅ですね。でももっと長い旅があるのですよ、短い旅のように見えて、じつはたいへん長い旅が……」と言われるのです。

私は再度、挑戦しました。

「生きている意味を知る旅、でしょうか」

先生、

「それもありますけれどね」

私、

「……、降参しました。どんな旅でしょうか」

先生、

「頭から腹への旅ですよ。頭から腹まではほんの数十センチしかありませんが、これが実に長い旅なのです。一生かけて挑まなければならない旅なのですよ」

人間という存在は、世の中の事情の多くを頭で理解できると信じています。ですから、本を読み、知識を集め、人からの情報に触れて、その結果、目の前の問題を頭で理解しようとします。しかし、それはあくまで理屈や理論を理解しただけであって、心の底から納得し、腑に落ちたわけではありません。つまり、頭から腹に落とすには至っていないのです。

本当に自分が求めていたものが腹に落ちたときは、「なるほど、わかった！」と叫びたくなるものです。しかし、それは簡単なことではありません。場合によっては、人生のすべてを費やしても、腹に落ちない難題に出合うことがあります。よって、頭でわかった気になってはいるが、本当に腹まで落ちるには相当の時間がかかるという意味で、「頭から腹への旅」が人生でいちばん長い旅というわけです。

私は思わず唸ってしまいました。なるほど、と思いました。そして、頭から腹への旅に挑んでみたいと強く思いました。

今振り返って感謝するのは、このような本質的な話を私自身が中学生のころから、よく聞いて育ってきたということです。中学や高校時代にも人間の内面を語ってくれる先生との出会いがありました。また大学生活においては常に精神性を問われる機会に恵まれていました。そして社会人になっても速水先生のような恩師と語り合うことができました。

このような私自身の体験を、今の若い世代の人々にも伝えたいと思っています。塾生たちにこのような経験談を話しますと、皆、たいへん興味を持って聞いてくれます。中には、そのような精神性についての話を今まであまりしたことがない、という塾生も少なからずいるのです。

人間塾は、この速水先生が教えてくださった「頭から腹への旅」を実践するところです。

ですから、人間塾の塾生には「修了」があっても、卒塾や卒業がありません。生涯をかけて頭から腹への旅をするわけですから、ここまでやればいいという終わりはないのです。生きている限り、私たちの旅は終わらないのです。そして人間塾の塾生となった若者たちも、一生を通じて「頭から腹への旅」に挑み続ける存在であるのです。

「自分を誤魔化さない生き方」

セミナーにおいてこのような話をしますと、塾生たちも頭では理解できたと見えて、みな頷いて聞いていています。ただ、彼らが、私の話したことを腹まで落とすのには、これからも時間がかかかります。

では、どうすれば腹に落としていくことができるのでしょうか。私は、自分の深い心の奥底をしっかりと見つめて、自分と向き合うことが重要だと思っています。

聖心女子大学の先輩で、国連難民高等弁務官を務めた国際政治学者の緒方貞子氏は、「見てしまったからには、何かをしないとならないでしょう。したくなるでしょう。理屈ではないのです」という有名な言葉を残しておられます。

人間というのは、自分を偽って生きることは本来はできないものです。この世界に、自分が気になって仕方がない問題がある、とします。自分にはどうしてもそれを放っておけない。それを知らなかったように振る舞って生きるのは誠実ではない。自分が自分らしく生きるためには、このような問題を解決する一歩を踏み出すしかない。自分の深い心の奥底に、そんな思いや願いがあることを知ってしまった以上、それをどこかに封じ込めて知らん顔をすることができるでしょうか。

自分の心に嘘をついて、これまでと同じような日常を送れるのでしょうか。偽りの中で生きるのはたいへん辛いものです。自分を誤魔化しながら生きるというのは、心に大きなストレスを抱えることになります。そして、自分で自分の心が呼吸できないようにしていくのです。

知った以上は苦しい葛藤が待っていることを本能的に感じているので、多くの人は、自分の深い心の奥底を覗き込むことを避けがちになります。これ以上深いところに行ってしまうと、もう後戻りはできないぞ、という立ち入り禁止の看板の前で、踵を返して戻ってくるのです。知らなければ、何もしなくても済みます。これまで通りの平穏な日常を送れます。「頭から腹への旅」を考えて生きる必要もないのです。

そういう生き方も確かにあるのでしょう。また多くの人々はそのような生き方でいいではないかと思っているのかもしれません。これ以上立ち入ったら厄介なことになると、自分の心に封印をしている人もいるでしょう。しかし、人間塾で学ぶ塾生たちには、そのような生き方をしてほしくないと、私は思っています。

恐れることなく、自分の心の深い奥底を覗き込んでほしい。そして、この社会の中で自分は何をすべきか、何をなし得ることができるのかということを考えてほしい。頭で考えるだけではなく、自らの決意を腹に落としてほしいのです。そのような勇気をもって生きている人たちが、私たちの社会を少しずつ良くしていくと、私は信じているのです。塾生たちにはそうなってほしいと期待していますし、彼らが周囲の人々に良い影響を与える存在であってほしいと願います。

苦言を躊躇なく伝える

「自分と深く向き合うことを知ったら、そこから逃げることはできない」という立ち入り注意の看板の存在を知らない塾生には、その看板があることを伝えます。そして、その結果、あなたは自分と向き合わずに逃げようとしているという現実を語ります。そして、心の内にある真の自分の姿を知ることを避けようとしている塾生には、じっくりと自分自身と向き合いなさいと諭します。

もちろん、自分と向き合いたくない、そんなことは嫌だという塾生もいます。人間塾は私塾です。塾生は自らの意志を持って入塾してきますので、自分と向き合いたくないとなれば、塾を去るという結果になることもあります。

塾生たちが直面したくない問題の指摘であっても、耳を塞ぎたくなるような苦言であっても、私は躊躇せず伝えたいと思っています。もちろん、その塾生にとって必要なときに、ふさわしいやり方で、その塾生の特性を掴んだ上での提言です。その最大の理由は、塾生一人ひとりの真の成長を心から願っているからに他なりません。自分と向き合い、自らの課題に取り組んでいる塾生には心からエールを送ります。自分と本気で対峙していない塾生には、自分に与えられた能力や可能性の再発見を促し、それらを活かして生きていく覚悟を問います。

それが、私が実行しようとしている「誠実」なのです。「塾長はいい人だな」「塾長は物分かりがいい」と言われても、仮にそれが表面的な評価であれば、私は少しも嬉しくはないのです。塾生たちから好かれたいということではなく、彼らが自分の未来への展望や夢を大切に生きていることの方が、私には興味あることなのです。

これからの世界は、そして私たちが生きる社会は、若者たちの生き方や価値観に大きく左右されます。なぜならば、未来における主体は、現在を生きる若者たちの手の中に在るからです。よって、今の社会において、人生経験を積んできた年齢層にある私たちは、これからの未来へ若者たちを送り出すことに対して責任を負っています。

より良い社会をつくり出そうとしている若者たちに、人生の希望を持って進んでいいんだと、私たちは後押ししなくてはなりません。良きお手本を示すとまでは言いませんが、少なくとも、彼らが希望を持ってこの世界を構築していこうとする気持ちを大切に育てる責務があると思います。

私は人間塾の塾長ですから、塾生たち一人ひとりの成長に寄与することが自分に課せられた使命だと考えています。この使命を常に胸に持って、自分にも相手にも正直に向き合っていきたいと思います。それが私の「誠実に生きる」ということなのです。

セミナーにおいて、このような話を塾生たちに伝えています。すると、数週間、数カ月を経ていくうちに、塾生たちの面持ちが変わっていきます。腹に落ちるところまでは、まだたどり着かないかもしれませんが、多くの塾生たちの学ぶ姿勢は、入塾したころに比べると、主体的で積極的なものに変化してくるのです。

世の中を確実に動かしているのは、一握りの表舞台に立つ人々ではなく、日々の営みを地道にコツコツと生きている人々だと私は思っています。そしてそのような日々を誠実に懸命に生きている人々の存在を心に刻んでほしいと塾生たちには願います。自らも、コツコツと正直に誠実に最善を尽くして生きてほしいのです。そのような思いを持った人間が一人、また一人とつながっていくことから、何か大きな流れが始まるような気がするからです。

「豊穣な人生」を目指す

人間塾に入った塾生の中にも、時々「人生の目的は成功をおさめること」と恥ずかしげもなく言う者がいます。そのようなとき、私は「君にとっての成功って何ですか？」と問いかけます。あるとき、ある塾生が同様のことを言いますので、成功とは何であるかと議論になりました。その塾生は「お金をたくさん稼いで、大物になること」が人生の成功であると言うのです。私は、「お金を稼ぐことがあなたにとっての成功なのか？　でもお金は使わなければ何の役にも立ちませんよ。貯め込むだけならば、ただの紙切れです。お金は稼ぐ以上に、どう使うかの方が難しいのです」とたたみかけました。拝金主義的な考え方が、いかに表面的で短絡的であるかに気づいてもらうためなのです。

お金を得てはいけない、と言っているのではありません。人間塾の塾生には、社会がより良くなるということに、意識を向けていてほしいと思います。そして、塾生たちを社会へ送り出してきた私の経験を思い巡らしますと、自らの使命をしっかりと意識している修了生は、軸がぶれることなく仕事に邁進しています。たとえ苦しい壁にぶちあたっても、自分がこの仕事を通じて何をなすべきかを問い続けています。そして、そう簡単には挫折しない真の強さと柔軟性を身につけています。

このような誠実な姿勢を持って生きていれば、必ず良き人々との出会いに恵まれます。悪意を持った人々に遭遇しても、本人の心の奥底から湧き上がる情熱や正義感が、その悪意を寄せ付けなくなっていきます。そして、仕事でも多くを求められる存在感ある人物に成長していきます。腐らず、恨まず、最善を尽くして、世のため人のために生きる覚悟を持つ。そうすれば、不思議と人のご縁や仕事との巡りあわせに恵まれるようになります。自ずと、立場や経済力も少しずつ付いて来るようになるのです。

地位に恵まれれば、それを上手く活用して多くの人の手助けができます。収入が増えれば、自分の贅沢に散財するのではなく、人のためになる使い道を考えるようになります。なぜならば、塾生たちには、お金は道具であり、よりよい使い方を考えなさい、世のため人のためになるような使い道を工夫しなさいと、人間塾では教えているからです。

誠実に真剣に生きることが、自らの人生を切り拓き、ひいては世のため人のために自分の能力を惜しみなく使いたいと願う人間に育っていくのです。

「豊穣」という言葉がありますが、人間塾では溢れんばかりに中身の詰まった「豊穣」と呼べるような人間育成を目指しています。深く、実りのある人生を送ってもらいたい。小手先の金銭的成功に左右されるのではなく、真の意味で社会に貢献できる立派な人間に成長してほしいと、私は心から願うのです。

オーダーメイドの指導

定期的に行われるセミナーの内容について、少しはお伝えできたでしょうか。もちろん、塾生一人ひとりの理解の深さやスピードは異なっています。理解が早くすぐに実践に結び付けようとする塾生もいれば、なかなか納得できずに苦しむ塾生もいます。

　私の指導方法は、きわめて古典的ですが、手の込んだやり方を実践しています。それは、それぞれの塾生の成長の進捗に合わせて、オーダーメイドの教育プログラムを考えているということです。

　懐疑的な塾生には常にチャレンジするような指導を行い、理解の早い者には少しずつ実行に移していけるように促します。概して、私は気長に構えます。塾生一人ひとりから出てくる反応は千差万別ですので、一人ひとりに合わせたオーダーメイドの指導を行いながら、一年間のスパンで変化や成長の進度を見ています。よって、100名、数百名という大きな規模での指導は行えません。一人ひとりの特性に合わせて伴走するのですから、大きなエネルギーと時間、そして何よりも一人ひとりをじっくりと「観て知る」というプロセスが必要になります。

　一カ月に一度は全員と個人面談を行っています。一時間近くの面談の中で、塾生はいろいろなことに気づいていきます。その解決を共に考えたり、時には自主性に任せたりと、塾生本人の心の状態から判断することもしばしばです。

　人間塾での最終的な教育目標は、「頭から腹への旅」をさせることであり、自らの使命を生きる覚悟を持たせることにあります。やりたいことや好きなことが使命になれば幸いですが、実際は違います。やらなくてはならないこと、自分に課せられたことを誠実に生きることが、使命につながるのです。そしてそれは思わぬ形で出現します。そのような道のりを歩いていく中で、塾生たちは人生における価値観を変化させていくのです。

人間塾の「スカラーシップ」

「人間塾」のスカラーシップは、他の給付型奨学金制度を利用している場合は受けることができません。よって、他の団体からの給付型奨学金を受け取っていない、もしくは希望をしたけれど経済的な条件で一致しなかったという「一般家庭の学生」が塾生の大半を占めることになります。

そんな彼らと毎月の面談を行い、時に合宿などで寝食を共にしていろいろな話をします。かなり踏み込んだ家庭内の話や、自分が抱えている悩みや将来への不安を相談してくる塾生も少なくありません。特に、2020年春から始まったコロナ禍においては、「経済的不安」に関する相談が増えたように感じます。

世帯収入が減りそうなので、呑気に大学に通っていてもいいのだろうかという葛藤や、兄弟も大学に進学するので親の経済的負担が心配だ、という内容の相談もありました。昨年、アルバイト先がコロナ禍の影響で雇用を中止してしまい、経済的に困窮したある塾生がおりました。この塾生の実家は一般的なサラリーマン家庭で、しっかりとした収入がありました。しかし、塾生自身は人間塾のスカラーシップとアルバイト収入でできるだけ自立して生活をしていましたので、コロナ禍によって経済的に追い込まれる結果となりました。その後、別のアルバイトと出合うことができ、勉学にも身が入るようになりましたが、しばらくの間は、たいへん不安な生活を余儀なくされていました。

生活保護世帯やそれに準じる学生は、授業料の減免措置やさまざまなサポートを受けるチャンスがあり、同時にアルバイトなどで収入の確保ができる場合があります。よって、一般家庭の学生に比べてキャンパスライフが充実する場合があります。このような少し理解しがたい現実が実際にあるのです。

さまざまな企業や団体がスカラーシップの名称を掲げて給付型奨学金制度を開設していますが、その多くは学生に経済的なサポートを行うことに主眼が置かれています。つまり、「奨学金を出して終わり」の状態になっています。しかし、人間塾は「志を持った若者の未来を信じて、生きることの意味と自らの使命を見出せるような教育を行う。そのために経済的支援を行い、彼らの心と生活にゆとりと安心感を持たせたい」と考えてスカラーシップ制度を設けています。

第 4 章

「スカラーシップ」で変わる若者の意識

04

貸与型奨学金の現実

皆さん、以下のような状況を想像してみてください。

あなたは、現在勤めている会社を辞めて、学生時代に抱いていた夢を実現すべきかどうか迷っています。安定した今の生活に比べると、実現したい夢は、経済的に不安定でいばらの道のように感じます。しかし、それに挑戦しないままに生きるならば、悔いが残ることもわかっています。今自分には、若さも情熱もある。もし失敗したって、きっと立ち直れる。やるなら今しかない、とあなたは強く感じています。

しかし同時に、あなたに二の足を踏ませ、この決断に迷いを生じさせるあることに気づきました。それは、学生時代に利用していた貸与型奨学金の返済が数百万円残っており、今も毎月返済を続けているという事実でした。

会社を辞めて自らの夢に向かって突き進めば、今まで得ていた収入が減る恐れがあります。起業を考えたら、会社設立のために新たな借入れをしなくてはなりません。今まで以上に大きな借金を背負い込む恐れがあります。

それも覚悟の上で、学生時代からの夢を追うべきか。それとも、まずは堅実に奨学金の返済を済ませてから、新たな挑戦をすべきか。誰でも本当に迷うところだと思います。実は、貸与型奨学金を利用した学生の多くが、このような現実に直面します。そして、人生の岐路に立ったとき、必ず一度は感じるであろう「葛藤」でもあるのです。

夢を追いかけ志を貫く、いわばチャレンジ精神というものが、若者の特権であることは言うまでもありません。

人の生活を根底で支えるような新しい企画や商品をつくる。まだ誰もやっていないような研究分野に足を踏み入れる。社会をより良い方向に変えるようなビジネスを始めてみる。そんな大きな夢に向かって、若者たちには果敢にチャレンジしてほしいと思います。もし失敗をしても、彼らの情熱とバイタリティーがあれば、何度でもやり直せるからです。

しかし、日本の貸与型奨学金制度は、そのような若者のチャレンジ精神を萎縮させてしまう危険性を持っています。従来の貸与型奨学金を活用している一般家庭の学生は数多く存在しています。借りた奨学金の返済は、大学卒業と同時に給料から天引きされるシステムになっています。二十年近くかかって完済したという人の話も聞きますが、一方で、返済が延滞したり、中にはそのまま返済できないで何年も経過するケースもあります。そう考えると、大学卒業後の進路において、果敢な挑戦に制限が生まれる恐れがあることも理解できる現実だと思います。

しかし、中には、返済時の延滞を避けるため、いざというときの緊急生活費のために、あるいは将来のチャレンジに向けて、借りた奨学金を貯金している学生も多くいるのも事実です。「転ばぬ先の杖」代わりに、貸与型奨学金を貯蓄している学生もいるのです。

いずれにしても、経済的不安が生活の中心にあり、自分の可能性を思いきり伸ばしてみようという若者らしい、希望にあふれた生き方にはなかなかつながらないような気がします。

若者の「自己肯定感」の低さ

日本財団が、２０１９年９月下旬から10月上旬にかけて行った「18歳意識調査」というものがあります。これは当時20回目の調査で、インド、インドネシア、韓国、ベトナム、中国、イギリス、アメリカ、ドイツと日本の17～19歳各１０００人を対象に国や社会に対する意識をたずねたものです。

「自分で国や社会を変えられると思う」という質問に対して、アメリカは65・7%、インドが83・4%、ベトナムが47・6%、ドイツが45・9%、韓国が39・6%となっている中で、なんと日本は18・3%と際立って低い結果が出ています。

また、「自分の国に解決したい社会課題がある」も各国が89・1%～66・2%の間にある中で、日本は46・4%。「自分は責任がある社会の一員だと思う」も各国が92%～74・6%となっているのに対して、日本は44・8%。特に私がショックを受けたのが、「将来の夢を持っている」という質問に対する回答です。この質問に対して「はい」という回答は、各国では97%～82・2%となっていますが、なんと日本では60・1%だったのです。つまり、およそ4割の若者は将来の夢を持っていないか、諦めているという結果だったのです。

つまり、この調査で浮かび上がってきた「日本の18歳」というのは、将来の夢は希薄で、自分の力で社会を変えられるとは思っておらず、さらにチャレンジ精神は乏しくなり、自分が責任ある社会の一員だと思えない若者像です。ここから想像する若者のイメージは、無気力で自信のない主体性に欠けた人物像です。

国際比較の調査は、その背景となる文化や価値観が大きく影響するので、一概にその結果がすべてを物語るというものではありません。よって、この調査結果だけをみて、日本の18歳の若者すべてが、このような傾向にあるとは断言してはいけません。

ただ、残念ながら同様な傾向を示唆する調査結果が他にもあるのです。

内閣府が2019年6月18日、令和元年（2019年）版「子ども・若者白書」を出しました。この白書にある「我が国と諸外国の若者の意識に関する調査」では、日本、韓国、アメリカ、イギリス、ドイツ、フランス、スウェーデンという7カ国の満13～29歳までの男女を対象にして意識調査の比較が掲載されています。

これらの国の若者に自分自身のイメージについて、「自分自身に満足している」と質問をしたところ、「そう思う」または「どちらかといえばそう思う」と回答した人の割合は、アメリカ87％、フランス85・8％、ドイツ81・8％、イギリス80・1％、韓国が73・5％、スウェーデン74・1％という結果が出ました。7割から8割の若者は自分自身に満足をしているのです。

しかし、日本は45・1％と極端に低くなります。また同じ調査の中で、「自分には長所がある」という質問に対しては、「そう思う」または「どちらかといえばそう思う」と回答した人の割合は、ドイツ91・4％、アメリカ91・2％、フランス90・6％、イギリス87・9％、韓国が74・2％、スウェーデン72・7％であるのに対して、日本は62・3％と最も低い結果が出ました。日本の若者における自己肯定感の低さ、自信の無さが心配される結果です。そしてこの結果は、平成25年度(２０１３年度)にも行われた同じ調査での回答割合より6・6ポイント低下していました。自分自身の中にある長所や個性、将来に開花するであろう可能性や秘めたる能力を正面から受け止め、認識している若者が年々減少していることに、私は大きな危惧を感じています。

このような現状に対して、日本の教育に携わる人々も大きな心配を抱えていると思います。そして、今、何かをしなくてはならないと考えているに違いありません。そして、その答えはひとつしかないことにも、皆が気づいています。それは、若者たちが自らの人生を肯定し、自分の可能性を信じて、前向きに生きていく「力」を育むことです。

将来の夢を自由に思い描ける環境で、大きな志を持ち、社会をより良く変えていくという強い意志を育てなくてはなりません。そのような思いもあって、私たちは人間塾を設立し、経済的支援と教育的支援を一体化した「スカラーシップ」を創設したのです。

就職先に求める「大手」「安定」

奨学金といえば、貸与型奨学金と同義語に受け止められてきた時代が長く続いてきました。また、奨学金を得る、あるいは借りるということは、経済的困窮の中に在ることを表しているようにも受け止められてきました。その結果、日本の学生の間では、卒業後の進路で最優先にされる事項は、「安定した収入を得る」ということになってしまいました。安定した収入を得て、安定した生活を送ることは当然の望みであり、肯定されることだと思います。

しかし、その背景に、学ぶための代償としての借金があり、しかも二十歳代前半を生きる若者の肩に、それが重くのしかかっている現実を憂いています。よって、ある塾生が言ったように、人生の成功がお金を稼いで贅沢な暮らしをすることになり、お金があれば大物になれるという、唖然とするような勘違いをするようになるのです。

大手上場企業への就職を希望したり、公務員になりたいと言う塾生もいますが、私は必ずその動機を聞きます。より良い社会をつくるために自分の持てる能力を余すことなく使いたい、少しでも人の役に立ちたいという思いからなのだと、熱心に語る塾生には「どこで仕事をしても、蒔かれた場所で咲くことができる」と私は言います。しかし、表面的な格好よさや、収入の多寡だけで就職活動をしている塾生には、厳しい社会の現実を話して聞かせます。

このような将来についての話ができること自体、多くの大学生には機会がないのかもしれません。人間塾の塾生たちは、やがては塾生同士、さらには社会人となった修了生たちとも腹を割って話すようになります。そのときに、俎上によく載る話題は、やはり将来への展望なのです。

１９７９年以降毎年、日本の大学生の就職意識を調査してきたマイナビによれば、大手企業へ就職を希望する学生は、２００１年度の卒業生以降、過去最高の55・１％をマークしました。関東・関西の国公立大学の学生はその傾向が特に高く、約７割が大手志向という結果が出ています。また、企業選択で学生が重視するのは、「安定している」が38・３％と最も多く、ついで「自分のやりたい仕事（職種）ができる」が35・９％で、19・８％の「給料がよい」と続きます。「働きがいがありそうだ」や「これから伸びそうな会社である」ということで、就職先を選んでいると回答をしたのは10％程度にとどまっています。

これだけ多くの学生が大手企業を目指すということは、「寄らば大樹の陰」という心理が働いているのでしょうか。これは、自分がやりたいことは何なのかと在学中に考えてきた結果でしょうか。自分の力をさらに磨いて、この世の中に良い変革をもたらしたいと、熱い思いを心の中に持たないのでしょうか。

若者たちがなぜ大志を抱かぬまま、社会に出ていくのか。私は、人間塾で高い志を持つに至った若者たちを実際に見てきていますので、今の若者たちの現状を本当に危惧しています。

貸与型奨学金の返済が重く肩にのしかかってくるので、心の中に描いた夢も、将来への展望もあきらめざるを得ないなら、あまりに気の毒なことです。勉強したいがために進学した結果、未来へ希望を繋げられなかったという結果ともとれるからです。もちろん、貸与型奨学金の返済だけが、「寄らば大樹の陰」現象のすべての原因ではありません。前述した大学教員とのかかわりが希薄になりがちな時代に、思いの丈を話し、それを真剣に受け止めてくれる大人が少なくなっていることも事実です。

「大学無償化」で起こる課題

学生時代に奨学金を借りて、その上にアルバイトに明け暮れた経験のある人は、もしかすると、大学での学びに不完全燃焼感を持っていたかもしれません。大学で新たな人間関係を築き、青春を謳歌するような時間はなかったという人もいるのではないでしょうか。

そのような状況を聞くと、「大学無償化を推進すべきではないか」と叫ぶ人が出てくるでしょう。確かに、すべての学生が学費を払うことなく大学に進学できるとすれば、彼らはもっと自由に自分の夢を追うことができるかもしれません。しかし一方で、「大学無償化」によって引き起こされる問題があることも認識しておくべきでしょう。

言うまでもなく、大学は義務教育機関ではありません。よって、日本のすべての若者が18歳になったらこぞって大学に行く必要はないと思います。大学とは、まず、人間としての教養を身につける場所です。さらには、専門分野の深い知識と確かな技術を学び、それを社会に還元し、より良く活用する義務を学生が負うところです。そのために、各分野の専門家や研究者が学問を通じて、学生を鍛え、磨き上げていく鍛錬の場なのです。

ここでは、教える側と学ぶ側の真剣なやり取りが存在し、その結果、知識や情報を身につけるだけでなく、人間としての「在り方」を考える場所でなくてはならないのです。

ですから、自らの特性や個性にあわせて、学問的真理の探究に興味があるのか、あるいは何らかの技能や技術を身につけたいのかで、どのような大学を選択するか否かは決まってきます。高等学校を卒業して、そのまま社会に出て、はやく自立をしたいと願う若者もいることでしょう。また、日本の伝統や文化に目を向けると、そこには職人の長年の経験に裏打ちされた技が見えてきます。よって、専門学校等で技能・技術を磨いて、職人などの専門の仕事に就きたい若者もいるでしょう。

ドイツなどでは、大学を目指すギムナジウムから、職業学校、専門学校など選択肢は多岐にわたっています。アビトゥーアという大学入学資格を有していれば、ふさわしいときに、自分の希望する大学や学部に入学できます。よって、高等学校を終えて、働きながらアビトゥーアを取得する人も多くいるのです。18歳になったら必ず大学受験をしなくてはならない、という強迫観念にも似た激しい受験競争はありません。その分、若者たちは自分の人生設計を真剣に考え、自分の能力をしっかりと見つめながら、将来への展望を考えます。

20年ほど前ですが、私の実家にドイツのブレーメン近郊出身の23歳の若者が、ホームステイをしに来日してきました。彼は、当時、ドイツの自動車メーカーに勤めていました。18歳で高等学校卒業と同時に就職したそうですが、最初から五年間は社会で働くと決めていたそうです。日本に一カ月滞在したのが、彼の社会人としての最後の夏休みでした。彼は、ドイツに戻ったら大学に進学すると言っていました。働きながらアビトゥーアを取得していました。そして、働きながら大学での生活費を少しずつ貯蓄してきたと話していました。このようなケースは日本では少しめずらしく思われるでしょう。しかし、欧米では多くの人が経験する、ごく当たり前の大学への向き合い方です。

もし日本で大学の「完全無償化」が実現したら、いったいどうなるのでしょうか。まずは、たいへんな額の税金が徴収されることでしょう。良い教育には、やはり良い人材が必要ですし、教育のための施設や教材が必要です。無償化ということは、国民全員で、その事業を支えるということですから、私たちの税金をより良く使ってもらわなくてはなりません。よって、「とりあえず大学だけは出ておこうか」などという中途半端な動機で進学してくる学生たちには、入学をお断りすることになりかねません。

また学問的な追求心の低い学生も困ります。大学としては、教育レベルを下げることに当然躊躇するでしょうから、志のない学生は留年あるいは放校処分になる恐れもあります。

つまり、大学無償化というのは、大学教育の門戸を大きく広げることができるようで、学生自身の学問に対する真剣な姿勢が育っていない限りは、教育の破綻をもはらんだ大変問題のある制度だと思います。

現在、日本の大学進学率は約55％です。国際的な水準から言うと、それほど高くはありません。それは、日本における大学教育の中身が一律に統制されており、整理されているからです。もっとバラエティに富んだ履修の仕方を提供できれば、進学率も上がり、学生がより納得できる学びになるような気がします。

例えば、アメリカには、四年制大学だけでも二千数百校あると言われています。そこに二年制のカレッジを併せると、４０００校は下らないそうです。学生は千差万別。飛び級で入学してくる者もいれば、退職後もう一度大学で学び直す人もいます。カレッジを卒業して、四年制大学への編入学も比較的スムーズにできます。そして、フルタイム学生とパートタイム学生という制度があります。

前者は決められた単位数以上の科目を履修している者を指します。後者はその規定以下の単位数で科目を履修していますが、日常の多くの時間は働いています。すなわちパートタイム学生は、主たる活動は労働ですので、少しずつ科目を履修しながら時間がかかっても大学を卒業できるのです。もちろんフルタイム学生とパートタイム学生の後に手にする学位には何の差もありません。

すなわち、大学での学び方が一律ではなく、その学生に合った学び方で、経済的にも学問的にも自主的に選択できるようになっているのです。

日本でもこのようなシステムが生まれてくると、若者たちにとっては、自分の将来の展望をじっくりと考え、真剣な気持ちで学びを深められるのではないかと思います。また働きながら学べるような社会構造自体が生まれてくると、貸与型奨学金制度が学生に後に課すことになる返済に対する緊張した気構えも解消されるのではないかと、ひそかに願っています。

「スカラーシップ」という未来への投資

大学の構造改革は一朝一夕に成されるものではありません。近い将来、もっと開かれた大学を実現するために、産業界も経済界も、そして高等学校までの教育課程も、変化しなくてはならないと思います。18歳での大学受験がすべてではないのです。人生のどの時期にあっても、大学での学びが可能になることを切に祈ります。

では、今できることは何でしょうか。その答えのひとつが、スカラーシップなのです。私たち人間塾のようなスカラーシップを給付する民間団体が、少しでも社会の中で広がればと思います。世帯収入などの経済状態を第一の基準にするのではなく、志のある若者を見出し、支え、育てていくような組織が今、最も必要とされているのではないでしょうか。

ある国立大学で学んでいた塾生Ｂ君のエピソードをご紹介します。この話は、スカラーシップが学生にとっていかに重要なチャンスになるかを物語っています。

ある日、彼から突然メールが舞い込んできました。

「仲野塾長、私の人生を１８０度ひっくり返すようなたいへんなことが起こりました。ぜひ会って話したいのです」

いったい何が起きたのか、私はドキドキしました。学生結婚でもしたいと言い出すのかな、などと想像しながらＢ君に会いました。すると彼は驚くようなことを言い始めたのです。

人間塾に出会って本当に自分がしなくてはならないことに気がついた。人を助けたいという自分の本当の願いが見えてきた。医者になって苦しむ人を助けたい。よって、現在通っている大学を休学し、４か月後のセンター試験（現・大学共通テスト）に挑みたい。そして、医学部を目指したいと言うのです。

自分と向き合うことでわかる

なぜB君がこのような考え方に至ったかというと、それは人間塾のスカラーシップに出合ったからだというのです。

「人間塾の塾生となって、毎月奨学金を受けるようになった。そのお陰で経済的な不安が軽減された。アルバイトを減らし、部活動にも打ち込み、充実した時間を過ごすことができるようになった。おまけに、毎月財布の中に少しばかりの余裕が生まれてきた。自分が工業系の国立大学を選んだのは、将来、大手企業に勤めて、経済的に安定し、生活が保証されることが動機として大きかった」と言うのです。

しかし、スカラーシップのお陰で、経済的にも精神的にも少しずつ余裕が生まれてくると、自分の心の中の本当の声に耳を傾けるようになった。そうすると、自分は決してお金で動く人間ではないことがわかってきた。そこに、人間塾のセミナー、合宿、研修などを通じて、自分の人生の意味を考えるようになった。

「自分の人生における使命は何であるのか、真正面から塾長に突き付けられた。自分は何をしたいのか、どのような人生を送りたいのか、また何をしなければならないのか、何が使命として与えられているのか」

B君は真剣に考えたそうです。そしてひとつの結論に至りました。

それが、「医者になって人を助けたい」というものでした。

B君の並々ならぬ思いに、私も強く心を動かされました。また人間塾での学びから、そしてサポートから、彼は本質的なことを汲み取り、自分の人生に反映させようとしていました。私が、この真っすぐな気持ちを大切にしたいと思ったのは言うまでもありません。

私は常日頃から塾生に対して、「自分と真剣に向き合いなさい」と言っています。「自分は何者であるのか、どこから来て、どこへ行く存在なのかを探し続けなさい」と。

本当の深い所に存在している自分の思いを知ってしまったら、もう後戻りできないのが人間なのです。自分の内なる声を聞き、真なる望みを知ってしまったら、それがどんなに苦しい道であっても歩くしかないのです。

B君はそれを素直に純粋にやってみた。そうしたら、自分の心の扉が開き、封印していた自分の思いに再び出会ったのです。

心を育むスカラーシップ

私は、公的機関と民間団体における「スカラーシップ」という学生本人の将来性を見据えた支援の普及が必要不可欠だと思うのです。一日も早く、未来を担う若者たちの志を、社会全体で支援していくシステムが広がっていくことを願わずにはいられません。しかしその一方で、拝金主義と学歴重視が横行する昨今の社会風潮の中、荒んだ心を持っている若者たちは少なからず存在しています。

人間塾で三年間、塾生として研鑽を積んだ修了生C君の話をしましょう。C君は、地方の進学校から東京の大学を目指して受験をしてきた学生でした。ある理科系の大学で宇宙物理学を学ぶ、たいへん優秀かつ純粋な若者でした。入塾希望者に対して行うスカラーシップ説明会で、私が「人間塾は世のため人のために生きようとするあなたに与えられた使命を見つける場所です。皆さん、頑張ってください」と話しましたら、C君はすぐに手を挙げて質問をしてきました。「僕は宇宙物理学を学んでいますが、この分野の研究はすぐには答えが得られない上に、即座に人の役には立たないものだと思います。そんな分野で学んでいる僕でも世のため人のために使命を持って生きられるのでしょうか」と、私に問いかけてきました。私は、「使命を持つことはもちろんのこと、君も世のため人のために役立つ人間にかならずなりますよ」と答えました。

C君は晴れて入塾し、三年間の塾生生活の後、日本でも有数の宇宙物理学の大学院に進みました。2021年3月に博士号を取得し、現在はある研究機関でひたすら宇宙物理学という学問を通して自らの使命に向き合っています。しかし、C君がここまで来るには、高校三年生のときの彼の決意と志が、たいへん大きな役割を果たしました。

C君は東京六大学のある有名大学の理系の学部と、最終的に進学先になるある理科系の大学の二つから、どちらに進学するのかを最終的に選ばなくてはなりませんでした。

C君は前者のX大学よりも後者のY大学の授業内容や教授陣の研究業績に大きな魅力を感じていたので、Y大学への進学を心の中で決めていました。そして、最終の決断を高校の進路指導の先生に報告に行ったときのことです。複数の進路指導の教諭が、X大学の方が地方の進学校にとっては実績につながるのでX大学に行きなさいと言ったそうです。

C君は、なかなか頑固な性格でおまけに無口なタイプですので、多くを語らず、ただ「Y大学に進学します」の一点張りだったそうです。すると、教諭たちは、今度はY大学の批判を始めたそうです。耐えること数時間。C君は決意を変えずに、Y大学への進学を書類に記して帰って来たそうです。そして、一年後、C君は人間塾と出会い、塾生として受け入れられ、優秀な成績を修め、豊かな心を持って大学を卒業しました。さらに大学院に進学して博士号を取得するまでの五年間、人間塾は彼を支援し、見守り続けました。

このC君の成長を合計八年にわたって見ることができたのは、たいへん幸せなことでした。人間とは、こんなにも志高く育っていくものなのだと感じました。そして、こんなにも社会に貢献しようとする気持ちが大きくなっていくものなのだと感心しています。

これこそが心の豊かさであり、使命を生きる覚悟なのです。C君が高校三年の終盤、もし先生たちの説得に負けてX大学に進学していたならば、今のC君は存在しなかったかもしれません。人間塾として一人の若者のこのような成長に携われたことは大きな幸せでした。

スカラーシップが持つ責任

スカラーシップをうたって、返済不要の奨学金を給付している民間の団体はここ数年、少しずつですが増えているのではないかと思います。収益の多い企業などでは財団法人を設立して、給付型奨学金を提供しています。老舗の企業、ＩＴ企業、金融関係の企業などがバックとなって、たいへん多くの財団法人が設立されています。しかし、多くの奨学金団体は、奨学金を給付することで、その事業が完結するようです。

かつて人間塾に在籍していた塾生は、大学三年生のときに人間塾の門を叩きました。卒業まで二年間の在塾でしたが、とても明るく活発で、塾内のムードメーカーのような存在でした。さらに、大事なときに、ピリッとした意見を言う塾生でした。

彼女は、大学一年と二年のときに、ある銀行が設立した財団法人から給付型奨学金を受けていました。そのお陰で授業料の八割程度はカバーできるようでした。しかし、何かの偶然から、彼女は人間塾の存在を知り、門を叩いてきました。スカラーシップ説明会の後に、彼女は正直に現在自分が受けている給付型奨学金があることを話してくれました。そして、もし人間塾に入塾出来たら、そちらの奨学金を断って、人間塾の塾生として頑張りたいという話でした。

そこで、私は、その銀行系の財団法人の活動内容をたずねました。例えば、奨学金はどのようにして学生に渡されるのか、学生の生活などについて調査はあるのか、悩みや相談事への対応はあるのかなど。

その学生から聞いた内容は、私には少々驚きでしたが、ごく一般的な活動内容だと彼女は言うのです。奨学金は毎月銀行振り込みで、学生の日々の活動については報告の義務はまったくない。ただし、一年に一度、「一年を振り返って」というテーマで四百字以内のレポートを作成し、メールで提出する。秋ごろに給付学生を一堂に集めたティーパーティがあるが、参加は強制ではない。自分も一度行ってみたが、財団の役員と話す機会はほとんどなかった。また悩みや相談事に対応する窓口は特別には設けられていないが、次年度の奨学金申し込み等の担当がいるので、事務的なことであればメールか電話で対応してもらえる、という話でした。

私は耳を疑いました。人間塾の活動内容とはまるで違うので、たいへん驚いたのです。学生への経済的支援をして、エールを送って終わり、のような印象を受けました。奨学金を受けることで大学に安心して通えるということ以上に、学んだことをこれからの人生においてどう活用し、どのような夢を思い描いて生きていくのか。

各団体は、奨学金を出す以上は、責任を持って導き、見守る必要があると思います。若者たちの人生に不要な干渉をするつもりはありません。しかし、必要な「道しるべ」を共に悩みながらも見つけていく手助けは大切だと思うのです。

学生の人間的成長の手助け、アフターケアをしないというのは、なぜなのでしょうか。時間や労力を惜しんでいるのか、企業としてのあるいは財団法人としての社会的評価を維持するために奨学金給付を行なっているのでしょうか。それならば、「この財団の給付型奨学金を受けた者は、大学卒業後、当財団の関係企業に必ず勤務すること」という条件などをはっきりと出した方が、奨学金給付の目的がもっと明確になるのではないでしょうか。

もちろん、これはあくまでも個人的見解ですが。

「心の豊かさ」を生む教え

実は奨学金制度を熟知している学生たちの側にも、問題が出てきています。ある象徴的なエピソードをご紹介します。これはある奨学金団体に勤務されている知り合いの方から伺ったお話です。

あるとき、この団体に一人の学生がスカラーシップの申請をしてきました。この学生は、高校での成績も優秀で、レポートもしっかりと書けていました。またスポーツ推薦で大学に入学しており、なかなか忍耐強く努力家のように見えました。面接試験も無事にパス。晴れてスカラーシップを受けられることが決まったのです。

この学生の家庭状況は、日本学生支援機構の給付型奨学金を受けるための条件を満たしていましたが、この財団法人の理念がとても好きだということで、申し込んできたのです。もちろんこの団体では、他団体からの給付を受けている者は原則お断りしています。それが例え、日本学生支援機構の給付型奨学金であってもです。

しかし、そこで「事件」が起きました。親の経済的な負担が減ると喜ぶ学生が、奨学金の担当者と話をしていたときのことです。担当者が何気なく、「確かにうちのスカラーシップを受けることはできるけど、学費が高いのでご両親はたいへんですね」と言ったところ、その学生は屈託のない笑顔でこう答えたのです。

「大丈夫ですよ、学費の方は別の給付型奨学金を受けているので……」

その言葉に担当者は「えっ？」と驚き、耳を疑いました。学生はすぐにしまったという顔をしました。そうなのです、実はこの学生は、この団体以外に、日本学生支援機構からも給付型奨学金を受けていたのです。要するに「重複受給」、言い換えれば二重取りをしていたのです。それをわかった上で、民間団体に申請してくる学生が後を絶ちません。黙っていればわからないということでしょう。

この団体の職員の方は、「なぜ正直に言わなかったのか。重複受給はいけないことを知っていたはずなのに」と、本人にたずねたそうです。すると本人は、「黙っていればわからないと思った。もらえるものは何でももらっておかないと損」と、平然と言ってのけたそうです。

民間の奨学金団体では、重複受給を通常は禁止しています。日本学生支援機構の「家計基準」を満たすか否かにかかわらず、学生は給付型奨学金を受けることに対して誠実であるかどうかを問われます。どこの奨学金団体でも同じことを願っているはずです。それは、一人でも多くの学生に支援が行き届くように、という理由があるのです。他団体の給付型奨学金を受けている学生は申請できないという条件をつけている場合が一般的です。また同時に申し込んで、複数合格したならば、どれかひとつに決めなくてはなりません。ひとつを選ぶならば、他を断らなくてはならないのです。

私たち人間塾の井上和子スカラーシップの応募資格にも「他の奨学金の給付を受けていない」という条件をつけています。ただし、これには貸与型奨学金を含みません。日本の貸与型奨学金というのは、本来のスカラーシップに込められた奨学金という意味とは異なり、利子の有無にかかわらず実際は「学生ローン」です。よって、貸与型奨学金は勉強のために借金をしているという位置づけですから、給付型奨学金とはまったく意味が違うものです。

先ほどの学生が、しまったという顔をしたことからもわかるように、その団体に申し込む時点で「重複受給」は禁止されていることは、十分に理解していたのです。「どうせバレないだろうから、もらえるものは何でももらってやろう」という考え方が、すでに心の貧しさを感じます。自分さえよかったらいい、自分以外の苦学している学生のことよりも、自分が人よりも多く持つことを優先しています。この学生への奨学金給付は取り消しになったことは言うまでもありません。

皆さんはこの話を聞いてどのようなことをお感じになったでしょうか。

確かにルールを無視して「重複受給」をしたのは問題だが、それほどこの学生が経済的に困っていたからだと同情する方がいるかもしれません。あるいは、学生をこのような不正行為に走らせてしまう、日本の教育環境が悪いからだと言う方もおられるでしょう。しかし、私が感じたことは少し違います。それはこの学生の「浅はかさ」です。

自分の置かれた経済状態を中心にしか物事を見ていないのは、自己中心主義です。自分が「重複受給」をするということはその分、誰かがこの支援を受けられないということを意味します。誰かの夢や未来を奪うことにもなりかねないとは想像できない、そのような結果に思いを馳せることができないのは、人格教育の未熟さと言わざるを得ません。

自分自身の苦しさだけに着目し、自分を哀れみ、同じ境遇にいる人のことを慮れないとするならば、今の社会には物理的貧困以上に、精神的貧困がはびこっているということです。そして、それが二十歳の最も夢と希望に燃えているべき若者に及んできているのです。

人への優しさを持つということは、同時に強くあるということです。人への思いやりは自然と湧き出てくるような生易しいものではありません。自然に無意識にその行為が出てくるまで、意志を持って、日々意識的に練習しなくてはならないものなのです。やがて、それらが身につき、自然とその人の中から優しさや人への慮りが発せられるようになります。

そのような日々の練習が教育です。その結果、「心の豊かさ」が生まれてくるのです。

日本学生支援機構からの給付型並びに貸与型奨学金の原資は、私たち国民の税金です。それを活用して大学を卒業したならば、本来は、世のため人のために働く意識がいっそう強くなると思うのですが、前述した学生はまったくそのような考えは持っていませんでした。これはとても残念なことです。人間塾では塾生たちに、「人間塾に何かを返すとか、恩返しをするとは考えないでください。それよりも、これから出会う人々に恩送りをしてください」と伝える真意は、この心の豊かさを育てるひとつの手だてであると思うからです。

どう考えても、私たちは一人で生きていけるものではありません。互いが支え合い、尊重し合い、大切に思い合うからこそ、良き社会がつくられるのです。そのような一大事業に、それぞれの立場から参画する意志を持って、学生たちには学んでほしいと心から願います。

「喜んで分かち合うこと」の意味

本当に経済的困窮だけが心の貧しさをつくるのでしょうか。私にはそんな単純なことではないような気がします。

私がかつて大学生だったころ、当時は発展途上国と呼ばれた地域に、現地の状況を身をもって体験するという「体験学習ツアー」がミッション系の大学を中心に行われていました。私も大学一年生の春休みに、初めてフィリピンを訪ねました。マニラとセブで、スラムと呼ばれていた地域に寝泊まりしながら、現地の生活を共に体験させてもらう機会に恵まれました。二週間ほどの行程でしたが、私は感動し、感激して日本に戻ってきました。かれこれ40年も前の話ですが、日本は経済成長を遂げて、国際的にも経済大国になっていました。そのような国で育った私が、貧しい生活を余儀なくされている人々の中に受け入れてもらい、寝食を共にしたのです。

初めて泊めていただいた家庭は子どもが10人もいる大家族で、父親は日雇いで力仕事をしていました。母親は手洗いの洗濯屋さんでした。いちばん上の姉は15、16歳でしたがすでに働いていました。子どもたちの多くは年子で、上の子が下の子の面倒を見ながら、兄弟姉妹仲良く暮らしていました。

最初の夜に、全員で食事をすることになりました。私は、自分の食べる食料は少々持って行きましたが、こんなに家族が多いとは知りませんでしたので、持って行ったものは何の役にも立たなかったと思います。そして、食事が運ばれてきました。貧しい食卓でした。米食の地域ですから、山盛りのご飯と味の素の小瓶。そしてくたくたに煮た緑の野菜が入ったスープと三尾の小さな焼き魚でした。

全員で13人での晩餐です。お母さんが私のお皿に山盛りのご飯を入れ、その横に焼き魚を一尾まるまる置いたのです。残りの二尾の小さな魚を12人で食べようとしたのです。私はこの行為に驚きました。そして、貧しさが寛大さを失わせるものではないと思いました。もちろん、私だけ一尾まるまる食べるわけにはいきませんでした。三尾の魚を、13人で少しずつ、本当に一口ずつ分け合って食事をしたのです。

その家族は、経済的困窮を極めている人たちでした。父は文字が読めず、子どもたちは小学校三年生くらいになると、皆、働き始めていました。自ずと学校には行かなくなります。お母さんの洗濯仕事を手伝っている子もいましたし、朝早くから物売りの仕事をしている子もいました。

ある朝、五歳の息子に付いて、私は一緒に物売りの場所に出かけました。この子は、タバコなどを卸している問屋に入っていきました。小さな箱に、バラにしたタバコを入れて、町へ出ていきました。後ろから見ていると、この子は信号で止まっている車の運転手にタバコを売っているのです。箱の中のタバコが全部売れるまで、暑い中を売り歩いていました。二時間近く、信号で車が停まるたびに、走ってドライバーに売りに行くのです。

全部売り切って、誇らしい顔で私を見ました。笑顔でした。そして、帰途についたのですが、途中、この子はパン屋に立ち寄りました。そして、パン・デ・サルという家庭でよく食べられているパンを二つ買ったのです。そして家に戻りました。そこには、さらに幼い妹と弟が待っていました。パン・デ・サルを買った兄は、妹と弟に一つずつパンを渡したのです。

自分のパンはありません。しかし、お腹を空かした妹と弟がパンを食べている姿を見て、彼はずっと微笑んでいるのです。彼の汗だくの二時間の実りは、一瞬のうちに妹と弟のお腹の中に消えていきました、しかし、これが彼らの日常なのです。喜んで分かち合うこと。家族が助け合って生きること。妹たちにひとつのパンを食べさせるために、労働することを厭わない五歳の子どもの心から、私は多くのことを学びました。

生活の貧しさと心の貧しさが比例すると思ってはいけません。心の貧しさはどこから生まれるのでしょうか。自分だけが得をすればいい。最小の労力で最大の利益を得たい。うまく世の中を渡りたい。有名企業に就職し、世間一般よりも高い給料をもらえればよい……。このような心情を持って生活している日本の大学生は、おそらくたくさんいると思います。

大きな志を抱くことなく、ひたすら自分の利益を追うことに気持ちを集中させて生きていく。無駄のない合理的な考え方に固執してしまうと、人のために役に立ちたいという気持ちは生まれてきません。しかし、このような生き方に何の喜びがあるのでしょうか。

今の日本社会において、純粋さをどこかに置き忘れてきた学生たちが、何かを求めてさまよっています。その代償として、顕示欲や優越感、自己欺瞞に心を奪われ、少しずつ心が荒《すさ》んでいくのです。

自分を物事の中心に据えて世界を見てしまう若者もいれば、一方で、自分は恵まれた環境で生きていると感謝する若者もいます。自分の人生は自分の力だけで切り拓いてきたような錯覚を持つ者もいれば、人の支えや助けがなければここまで生きてはこれなかったと語る若者もいるのです。これらの受け止め方の違いはどこから生まれてくるのでしょうか。経済的な理由だけで説明できるとは思えないのです。

「精神的な吝嗇」の若者たち

「自分さえ良ければいい」という考え方は、誰でも身に覚えのある事柄です。そのような気持ちを人間は持つことがあり、それはできるだけ精神的に抵抗すべきことであると、自分で意識しない限りは変化は生まれてきません。

私は、人間塾の塾生たちに、「物理的に安定しても、精神的ケチのままではいけない」

と言います。実は、物理的な不足は、経済的困窮と同様に、補給されれば満たされることが多いのです。しかし、本当の問題はここから始まります。それは、精神的な吝嗇《りんしょく》です。精神的にケチな人は、自分の時間を人のために使うことに抵抗を感じます。そして何事も合理的に解決しようとします。人間の心の機微には、一見無駄と思えるような時間と手間が必要であることを知らないからです。その結果、人のために時間を使いたがりません。

また、自分の持っている知識や技術を惜しみなく提供することにも消極的です。さらには、人の心に寄り添い、じっくりと話を聞くことをしません。メールなどの相手の顔を見なくても済む手段で、コミュニケーションを取ろうとします。表情や話している様子から、その人の心情を汲み取る能力は一向に向上しないままになります。

他者への興味よりも、自分への興味の方が勝っているので、自分の感情に影響を与える人や事柄には敏感です。すぐに傷ついたとか、否定されたと騒ぎ立てます。一方で、自分が人に与える影響には無頓着です。自分の言動が、相手にどのように響くのかについては、想像力が乏しいのです。

これらが、「自分さえ良ければいい」という考え方を持つ人の共通した行動だと思います。

塾生の中で、今も忘れられない学生がいます。彼は、入塾したばかりのころのセミナーで、私の「あなたにとって手放したくないものは何ですか」という問いかけに、次のように答えたのです。

「私が手放したくないのは、自分が今まで勉強して身につけた知識や技術です」

この答えを聞いて私はびっくりしました。人間塾の教育理念の対極にあるような考え方でした。しかし、本人は間違ったことを言っているつもりはなかったのです。本当に彼はそう思っていたのです。私は、「なぜ手放せないのですか」と、たずねました、すると彼はこう言ったのです。

「手放すと、持っていたものが減ってしまうからです」

彼は学業優秀で真面目な学生でした。家庭もしっかりとした考え方で彼を育ててこられました。ご両親はとても思慮深く正直な方々でした。ですから、彼は自分の言っていることが、とてもケチなことを言っている、精神的に貧しいことを言っているとは、露ほども思っていませんでした。

しかし、私は彼を逃しませんでした。自分の蓄積してきた知識も技術も、さらには時間も労力も、人に喜んで分け与えなさいと伝えました。しかし、それから彼の苦しみが始まったのです。どのように人とつながり、自分の持てるものを分かち合うのかがわからないのです。今までほとんど実践してこなかったからかもしれません。また自分の弱点やコンプレックスを認めるのが苦手でした。

人の立場に立って考えるときに想像力が乏しいことにも気づき始めました。何度も失敗し、私に怒られながらも、彼は諦めませんでした。人の役に立ちたいという気持ちが確かに自分の心の奥底にあることを知り、自分の悩みや弱点も、正直に見つめ直すことができるようになったのです。そして、自分で今まで安全な道を選んで生きてきたが、失敗を恐れず本当にやってみたいこと、やらなくてはならないことに挑戦したいと、申し出てくるようになったのです。

それは、工学系の勉強をしてきた彼が卒業後、再び大学へ戻り、医療者への道を歩くことだったのです。実はこのような人生の転換を勇気をもって行う塾生が、最近よく出てきています。皆、学業優秀で、今まで大きな失敗をしないで来た若者たちです。しかし、安定と安心を求めて突き進んできた結果、失敗を避けることに慣れてしまったのです。

人間塾に出会って、彼らは自分を武装していた鎧を脱ぐことになります。そして、自分さえ良ければいい、という誘惑から脱していきます。このような事例に遭遇するたびに、井上和子スカラーシップを創設した甲斐があったとつくづく思うのです。

「自分の言葉を持つ」教え

人間塾では、奨学金給付を行うだけでなく、さまざまな活動を行っていることは前にお話ししました。奨学金給付がゴールでなく、そこから何かが始まるのです。

塾生たちが「人間塾の大きな特徴のひとつ」と呼ぶのが、毎月の塾長面談です。塾長に質問したいこと、意見を聞きたいこと、相談したいことがある塾生は、この面談を受けることができます。強制ではありませんし、多くの場合、私から厳しい一言を突き付けられるので、塾生は乗り気ではないだろうと思われるかもしれません。ですが、ほとんど全員がこの面談を希望してきます。相当深いところまで掘り下げた話になりますので、塾生も覚悟を持って臨まなくてはなりません。

また定期的なセミナーを行っていますが、これは端的に言いますと、授業です。何かの専門について勉強するような授業ではなく、人生について考える授業です。テーマはさまざまですが、必ず「何のために学んでいるのか」「将来の展望についてどう考えているのか」「自分の使命とは何か」などに帰着するような内容です。

それらについて、毎回切り口を変えて、異なるエピソードを紹介しながら、私が講義をしています。ただ話を大人しく聞くだけでは、このセミナーの醍醐味は味わえません。私の問いかけに一人ひとりが真剣に向き合い、考え、自分の意見を発表するのです。そのときに、私は「自分の言葉を持ちなさい」と教えます。自分の経験や体験からしか語れない言葉、自分の内なる世界から溢れ出てくる言葉を持つように導きます。

塾生には、自分の頭で考え、自分の言葉でしっかりと語ることが求められます。よって、入塾したばかりの塾生は手も足も出ないときがあります。しかし、一年もすれば、みな自分の考えを述べるようになります。私の問いに対して、「塾長、私はこのように思いますが……」などと議論を持ちかけてくる塾生も出現します。このような塾生の変化や成長が楽しみで、私もこの仕事が辞められないのかもしれません。

「豊かな心」を育む人間教育

大学とは、一般的に、学問を追求する最終段階の教育機関です。同時に、日本の教育が目指してきた、人格形成を行う場でもあります。そのためには、人生について学び、語り合う時間と場所が必要です。しかし、現在の大学では、なかなかそのような空間になっていない現実があります。

私は大学教員時代から、人生について語るような実践がしたかったのです。またそのような仕事は自分の使命であるとも確信していました。一方で、人間塾を設立した井上和子さんは、長い間、給付型奨学金制度を立ち上げたいという願いを持っていました。私たちの思いが一体化したとき、スカラーシップを通じて志のある学生の経済的支援と精神的支援を実践するという形が見えてきました。それが人間塾の土台となっています。よって、学生への奨学金給付という経済的支援をしている団体であるからこそ、「豊かな心」を育む人間教育を行うことは責務であると思っています。

「大学では『真の人間教育』が忘れられつつある」

この指摘に対しては、全国の大学関係者から反論が寄せられるかもしれません。しかし、これまで紹介してきたように、日本の学生の乏しいチャレンジ精神、自信のなさ、人とすぐに比較する傾向、低い自己肯定感などは、さまざまな調査で浮かび上がっています。

このような状況を一日も早く打破したい。現実的に大学教育で十分に行えない人間教育があるならば、その問題点を是正するとともに、補完できるようなシステムが必要だと思っています。そのひとつの可能性として、人間塾があるのだと認識しています。

人生が大きく変わる出会い

人間塾のスカラーシップは、前にもご説明したように、奨学金給付と人間教育の両方が融合された教育のかたちです。奨学金給付によって学生の生活にゆとりが生まれます。アルバイトに忙殺されるのではなく、学業に打ち込める環境が生まれます。そして人間塾でのセミナーや研修を通じて、自分の人生を見つめ直し、自らの課題を発見し、最終的には志を使命にまで昇華していく学びと出合います。これらの二つの要素が掛け合わされて、学生一人ひとりの心の中に志の種が蒔かれ、周囲の期待や愛情という栄養を吸収して、その実りを社会に還元していきたいという意志を持つにいたるのです。

前述したB君は、医学部に在学している塾生仲間や医師となった修了生たちの応援を受けながら、不屈の精神で受験勉強をして、見事に国立大学の医学部に合格しました。現在も塾生として人間塾で学びを深めていますが、どのような医師になるのか、今からたいへん楽しみにしています。

この日本社会に、学生の大きな夢を受け止め、志を育てようとするスカラーシップ団体がもっと増えることを願います。ただし、奨学金を口座振り込みするだけでは、彼らの燃える思いをかきたて、未来に向かって進んでいく推進力を育成することは困難です。自分の能力を駆使して世の中の役に立ちたい、他者の幸せのために働ける存在になりたいという志は、やはりきめ細かく血の通った教育から生まれるのではないかと思います。

大袈裟な話だと思う人もいるでしょう。スカラーシップなんて面倒な話だなと思われるかもしれません。しかし、それは違います。若者たちが心の底から求めていることは、自分への信頼や期待なのです。そして自己肯定感を持って、自信に満ちた気持ちで日々を生きていくことです。そのような心の土台を持った若者たちが、これからの日本の未来を支え、世の中を変えていくと私は確信しています。

お金は大切な資源です。そして使い方によっては大きな可能性を引き出してくれる道具です。貯め込むだけのものではありませんし、吝嗇《りんしょく》にふけるためのものでもありません。このお金が、スカラーシップという支援に形を変えたとき、若者たちの志は無限の可能性となって動き始めます。

次世代を担うのは若者であることに異論はないはずです。そして、その若者の志を育むことは、私たち自身が自らの未来に投資し、その成長を信じ続けるということに他なりません。

コラム

学力以外のことを教える場「人間塾」

教育に携わる者は、机上の学問だけを教えていればいいのではありません。本来は、学問を通じて、若者たちの夢や志を育み、社会に巣立っていく彼らにさまざまな「道」を示すことが大切なのです。私が学生だったころは、人生について話すことのできる教員がたくさんおられました。専門分野の話から始まって、その先生の外国での武勇伝や、青春時代の思い出など……。中には、その日の授業のテーマから脱線して、90分間まったく関係ない話で終わってしまったこともありましたが、今振り返ると、そのような先生の本音や経験談がことさら思い出に残っています。

しかし、今の大学生たちは、先生とプライベートなことはほとんど話さないと言うのです。教員たちも多種多様な仕事に追われ、本当に忙しい日々を過ごしています。また、よく問題になるさまざまなハラスメントを未然に防ぐため、教員と学生との間に一定の距離を取るという配慮も、学生とのかかわりを持ちにくい現状となっている気がします。

就職の相談はキャリアサポート室で、学生生活の悩みは学生課で、学習内容についての疑問は教務課で対応をする大学が多いと思います。よって、教員と学生は授業のときだけ顔を合わせ、短い時間で質問を受け付け、回答はメールでというのが実態です。

ただ、これからの大学教育を考えるとき、現状のままでいいのかと疑問がわいてきます。多くの大学が掲げている教育の使命には、「真に貢献できる人材を育成し、社会へ送り出す」とあります。必要な単位を取得し、成績優秀で卒業しても、その学生の人格形成はどのように行われたのか、たいへん興味があります。昭和22年に発布された教育基本法に、教育の目的は人格の涵養であることが明記されています。これは平成22年の基本法改正後も変わることなく謳われていま す。すなわち、教育によって豊かな人間性を育て、人格を涵養し、その基本的教養の源泉として学問があると思うのです。

小中高はもちろんのこと大学生になってもなお、学力以外のことを教える場所が、今の日本社会には必要です。人生の意味、生きる目的、自分の使命、他者への思いなどを語りつくす場所はどこにあるのでしょうか。周りを見回してみても、そのような場所も機会も、なかなか見つからないのが現状です。このような現状を受けて、志ある仲間たちと共に、このような根本的な問いに対し、自由闊達に議論できる場所として、人間塾がつくられたのです。

補論

「スカラーシップ」の実態

「奨学金＝借金」というイメージ

現在の日本社会における奨学金制度の利用実態、学生を取り巻く環境、そしてその問題点などを整理してみます。これらの実態を把握できれば、今の日本社会において「人間塾型スカラーシップ」の必要性が読者の皆様にもより一層ご理解いただけると思うからです。まず「奨学金」という言葉を聞いて、皆さんはどのようなイメージを思い浮かべるでしょうか。

成績優秀な学生に与えられる特別な恩恵、と思われかもしれません。しかし、同時に、貸与型奨学金は「経済的に困窮している学生が授業料などに充てるために借入れるお金」という認識が一般的ではないでしょうか。更に、40歳代から50歳代くらいの方々であれば、「奨学金は借りるのは簡単だが、返すのが大変」という否定的な印象があるかもしれません。実際に、大学卒業後、毎月々々、給料から天引きされて長年かかって返済し終えたという方のお話をよく耳にします。

この「貸与型奨学金＝高額の借金」という構図の定着は、残念ながら事実だと思います。

奨学金をテーマにした書籍のタイトルや、帯に書かれている言葉を見るだけでも、それが良くわかります。以下にほんの一例を見てみましょう。

『ブラック奨学金』（文藝春秋）の帯は「容赦ない裁判での取り立て、親戚にまで連鎖する請求、雪だるま式に膨れ上がる延滞金地獄……学生をしゃぶり尽くす〝高利貸し〟の正体！」と、かなりショッキングな言葉が並びます。

『「奨学金」地獄』（小学館）の帯も同様です。「受験生の親、教師必読！　大学卒業後にのしかかる880万の大借金」「正社員の給与では返せず」「失業中に裁判所から550万円の支払督促」「寝たきりの障害者になっても容赦ない請求……」など、目を疑うような言葉も散見します。

もちろんこのような挑発的な表現が実態のすべてを正しく表しているかというと、そこには疑問も残ります。しかし、このような表現を使った書籍がかなりの数、発行されているということは、由々しき事態でもあります。多くの人々が「貸与型奨学金」に対して批判的な思いを抱いていることも心配されます。そのいちばんの問題点は、大学卒業後の返済にあるのです。

「奨学金返済」に苦しむ現実

労働者福祉中央協議会（中央労福協）が働く人たちを対象に、定期的に「奨学金や教育負担に関するアンケート調査」を行っています。その2019年版によれば、39歳以下で日本学生支援機構の貸与型奨学金利用者の方に返済の負担感をたずねたところ、正規雇用の人の40・6％が「苦しい」と回答。非正規雇用の人に至っては58・9％と6割近くが「苦しい」と回答しています。

昨今の経済状態はもちろんのこと、2020年の新型コロナウイルス感染拡大の影響で、「返したくても返せない」人が増加していると思われます。貸与型奨学金を受けてきた多くの人々は、真面目に働き、奨学金の返済計画を立てながら返済していますので、日本学生支援機構の奨学金回収率の数字は90％近くと高い水準です。しかし、実はその陰で、返還延滞者が続出しており、1日以上の延滞者がのべ33万6000人に上ります。そのうちの8割前後が年収300万円未満です。また滞納者のうち約半数近くが3か月以上の長期滞納なのです。

このような厳しい現実は、ネットに書き込まれる言葉からも想像できます。

「自己破産をすれば奨学金返済から解放されますか？」「奨学金返済の滞納があるのですが、住宅ローンを組めますか」

奨学金という名の「借金返済」に苦しむ人は本当に多いのです。このような実態をお話しますと、「借りたものは返すのが当たり前じゃないか」「大学へ入学するときになぜ奨学金の返済計画を立てなかったんだ」と言われる方もおられるでしょう。

しかし、私の出会った貸与型奨学金を借りている学生たちのほとんどは、高校3年生の大学入学前に貸与型奨学金の申し込みをしています。大学入学に希望を持っている18歳の高校生に、大学卒業後の経済状態、ましてや返済計画を立てなさいというのは少々酷な気がします。多くの学生たちが、貸与型奨学金を借りて学業を続けるうちに、途中で背負った借金の額の大きさに気づくのです。

では、奨学金を借りる際に保証人となっている親や親戚は、どうしていたのかと言われるかもしれません。我が子が大学に進学するに際して、何とかしてでも行かせてやりたいと思うのが親心です。そして、当の本人である我が子も大学を卒業すれば、借りた奨学金を返済していけるだけの経済力も身につくことだろうと、希望を持って我が子を大学に送り出すのです。このような奨学金の返済に将来苦しむとは、多くの親たちは想像すらしていません。

世界の奨学金事情

大学で専門教育を受けるには、確かに学費を納めなくてはなりません。それも良質の教育を求めれば、それなりに授業料は高額となります。日本は国公立大学と私立大学の学費とでは大きな違いがあります。一般的に国公立大学の方が学費は抑えられていますが、その分、税金の投入が大きいのです。私立大学にも補助金制度がありますが、国公立大学の比ではありません。

アメリカも州立大学はその州に在住していれば学費がある程度抑えられますが、州外の学生は倍以上の学費の支払いが課せられます。またハーバード大学やプリンストン大学などの優秀な大学は、驚くほど学費が高いのですが、これは当然であると受け止められています。すなわち、質の高い教育と質の高い教授陣を用意している大学であれば、学費が高くなるのはアメリカでは当然のことなのです。

ただ、ここで異なる教育環境が存在します。それが奨学金に対する考え方です。

図1「ＯＥＣＤ『Education at a Glance 2010』」は、スカラーシップに代表される返済不要の「給付型奨学金」と、日本の一般的な奨学金である「貸与型奨学金」の割合を国際比較したものです。イタリア、フランス、スペイン、フィンランド、ハンガリーなど欧州の中に「１００％給付型奨学金」という国が多く、ドイツも8割弱、アメリカでも7割が給付型奨学金です。とくにアメリカなどでは、

図１：給付型奨学金と教育ローンの比率

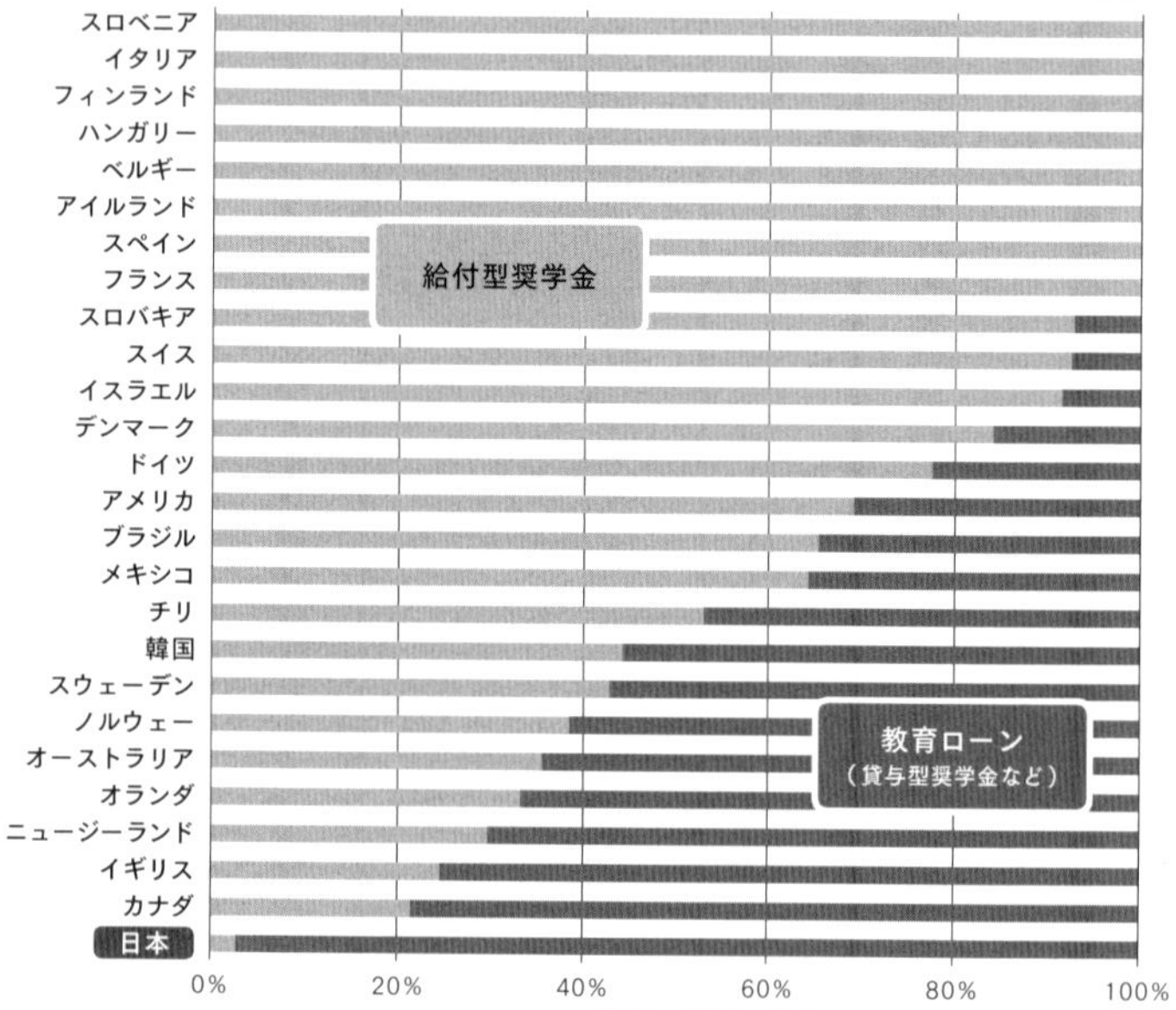

出典：OECD『Education at a Glance 2010』

貸与型奨学金という名称は存在せず、それらは「学生ローン」と呼ばれています。

まず、世界的に有名なスカラーシップでは、ビル・クリントン元米大統領、トニー・アボット元豪首相、マイケル・サンデル ハーバード大学教授という著名なリーダーたちに給付されてきた「ローズ（Rhodes）奨学金」が思い浮かびます。

これは、南アフリカの鉱物採掘で巨万の富を得たセシル・ローズ（1853〜1902年）が、自身の遺産を英国の名門オックスフォード大学に寄付したことをきっかけに誕生した奨学金制度です。1903年から現在も続いており、アメリカやヨーロッパでは、このスカラーシップを受けられること自体、たいへん名誉あることとされています。選抜される学生は、学業優秀であることは当然のこと、高い志を持っていなくてはなりません。そして、自国のためだけではなく、国際社会で活躍したいと希望する人材を育ててきた実績があります。

知名度でいえば、石油王ジョン・ロックフェラー（1839〜1937年）が1913年に設立した、ロックフェラー財団のスカラーシップも有名です。また、鉄鋼王と呼ばれたアンドリュー・カーネギー（1835〜1919年）により、「知識・理解の発達と普及」を目的として1911年に設立されたニューヨーク・カーネギー財団のスカラーシップもよく知られています。

また、マイクロソフト創業者のビル・ゲイツ氏と元夫人が設立したビル&メリンダ・ゲイツ財団も非常に有名です。グローバルヘルスや貧困問題と共に教育にも力を入れていて、スカラーシップを給付しています。

スカラーシップの精神

これらの事例を見てもわかるように、アメリカなどの欧米社会では、ビジネスや事業で得た収益、あるいは個人の財産を、何らかの形で社会へ還元することが当たり前になっています。その活動内容は、人権、貧困、環境など多岐にわたっていますが、その中には必ず教育支援が含まれています。若者の育成は、次の世界を作っていく最も大切な資産であると考える事業家が多いからなのでしょう。彼らは自らの財団でスカラーシップを提供し、数多くの若者を育てています。

特にアメリカでは、相互扶助の考え方が根付いており、周囲の人々の支援で自らの人生を切り拓いていった人は、今度は誰かにその「恩」を手渡していこうという風潮があります。これは「ペイ・フォワード」と呼ばれる考え方で、私たち人間塾では「恩送り」と呼んで、とても大切にしている概念です。

スカラーシップが普及している国では、「恩」の循環が社会全体に広がっていくことを、まず知っておいていただきたいのです。

もちろん、世界の国々すべてがスカラーシップを主流として学生たちを支援しているというわけではありません。韓国やノルウェー、オーストラリアなどは6割前後が貸与型奨学金です。またイギリスやカナダも8割前後が貸与型奨学金だと言われており、「学生ローン」という形で借り入れるものとなっています。

教育制度はそれぞれの国で異なりますから、奨学金制度や学生ローンへの考え方も異なっている可能性があります。しかし、その中でも際立って興味深いのは日本の奨学金制度なのです。

貸与型奨学金9割の日本

ご覧いただくとお気づきになるでしょうが、日本での給付型奨学金、いわゆるスカラーシップはわずか数％しかありません。奨学金と言っても9割以上が「貸与型奨学金」という、先進国の中では大変めずらしいシステムを持つ国だったのです。つまり、貸与型奨学金を利用して大学を卒業し、社会人になった途端、奨学金という借金の返済に追われるのが常態化していたのです。いわば、日本の大学教育のひとつの特徴と言っても過言ではなかったと思います。

しかし、これは過去の話です。過去と言ってもついこの間まで、多くの大学卒業生たちが苦しんでいたのは事実です。実は、昨年（2020年）から、日本でも「給付型奨学金」の割合が増えてきました。これはいわゆる「大学無償化法」が成立したからです。

2019年5月に成立した「大学等における修学の支援に関する法律」によって、消費税を財源として、授業料や入学金の免除・減額が決まり、2020年4月から給付型奨学金の支援が大幅に拡大しました。

では、「貸与型奨学金」が9割以上を占めていた日本が、なぜここにきて急に政策を転換したのでしょうか。

実はかねてより「大学を卒業した若者に多くの借金を背負わせる」という日本における教育問題については、多くの議論が交わされてきました。前述の「貸与型奨学金」に対する問題点も浮き彫りになってきました。そこで、大学教育にかかる学生の負担をゼロにして、望む者には安心して学べる環境を整備すべきであるという意見が多くなってきたのです。

大学進学率はOECD（経済協力開発機構）平均以下

読者の皆さんは、日本の大学進学率は世界的に見て、高い方だと思っておられるのではないでしょうか。「少子化で子どもの出生率が下がっているし、今や大学に行くのはごく当たり前のことではないか」と思っておられる方が多いのではないかと思いますが、これは事実ではありません。

図2「OECD『Education at a Glance 2012』政府の産業競争力会議の『人材力強化のための教育戦略』」をご覧になっていただければわかるように、日本の大学進学率は51％で、OECDに加盟している先進諸国の平均大学進学率62％を大きく下回っています。

2019年の統計でも日本の大学進学率は54％ほどです。1960年代に10％程度であったことを考えると、60年間で44ポイント上昇したと言えますが、先進諸国に比べて進学率が顕著に上昇しているわけではありません。

もちろん、前述の給付型奨学金（スカラーシップ）と貸与型奨学金（学生ローン）の比率の差と同様、教育制度は国によってバラエティに富んでいますので、一概に大学進学率が低いことが問題であるとは思いません。また、私が個人的に思うのは、明確な目的や志を有していなければ、大学教育は高等学校の「自分探し」の延長になりかねないということです。また、徹底した学びの4年間というよりも、社会へ出る前のモラトリアム、すなわち猶予期間だけに終わってしまうこともあるのです。

図2：大学進学率の国際比較

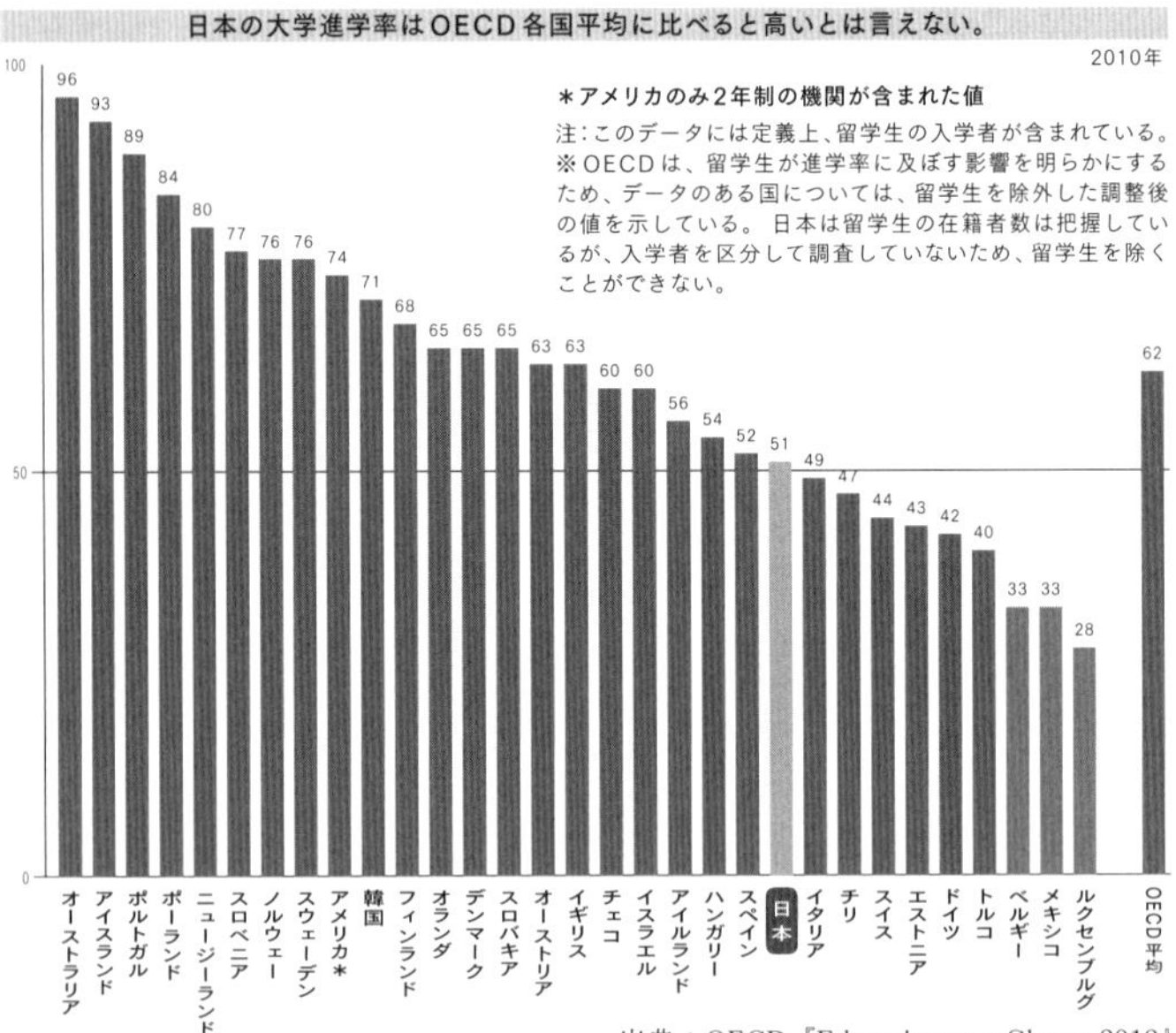

出典：OECD『Education at a Glance 2012』

よって、日本の大学教育自体に大きな問題があるという考えには賛同しません。

ただ、その一方で、大学進学率の低さのひとつの要因として「貸与型奨学金による借金返済」があるのではないかと推測しています。

大学進学率が伸びる国

前述の中央労福協の調査でも、「国公立大学・大学院」に通う学生の保護者353組の内91・3％、また「私立大学・大学院」に通う学生の保護者621組のうち92・9％が、「教育費の負担感がある」と答えています。これは、国公立や私立の区別なく、日本国内の相当数の家庭が「経済的負担の重さ」を感じていることによって、大学進学に対する学生本人の躊躇する姿が想像できます。

また、大学進学自体にかかる経済的負担もそうですが、大学受験のための塾や予備校に通うこともなく志望校に合格する学生は、ほんの一握りと思われます。すなわち、大学進学の準備段階ににおいても、教育費は各家庭にとって大きな負担となる恐れがあるのです。

学ぶことへの意欲ある若者が、思うように学べないとするならば、本当に残念なことです。

志を持って、将来への展望をしっかりと描いている若者こそが、この社会を担い、より良くしていく核になる存在なのですから、彼らには思う存分学んでほしいと願います。そして、その結果、彼らの成長が、この社会の新陳代謝にもつながるのです。

つまりそれは、もし経済的な理由から、若者が学びの道を閉ざされるなら、社会が大きな閉塞感に苛《さいな》まれる恐れが出てくるということです。残念なことに、実際のそのようなことを窺わせるデータがあります。

図3「高等教育進学率・進学者数とGDPの伸び」をご覧ください。他の先進国を見ると、国の成長と大学進学率に因果関係があることがわかります。大学進学率が大きく上昇している国は、GDPも成長しています。しかし、日本の進学率は他の先進国と比べて低水準で、進学者数にいたっては1990年より減少傾向で、GDPも1・6倍にしか伸びていません。

そこで、このような「停滞」を改善するためにどうすべきかと議論が重ねられた結果、出てきた政策が、「大学無償化」だったというわけです。

図3：高等教育進学率・進学者数とGDPの伸び

日本の大学進学率は国際的にみて低水準。日本だけが大学入学者数が減少。

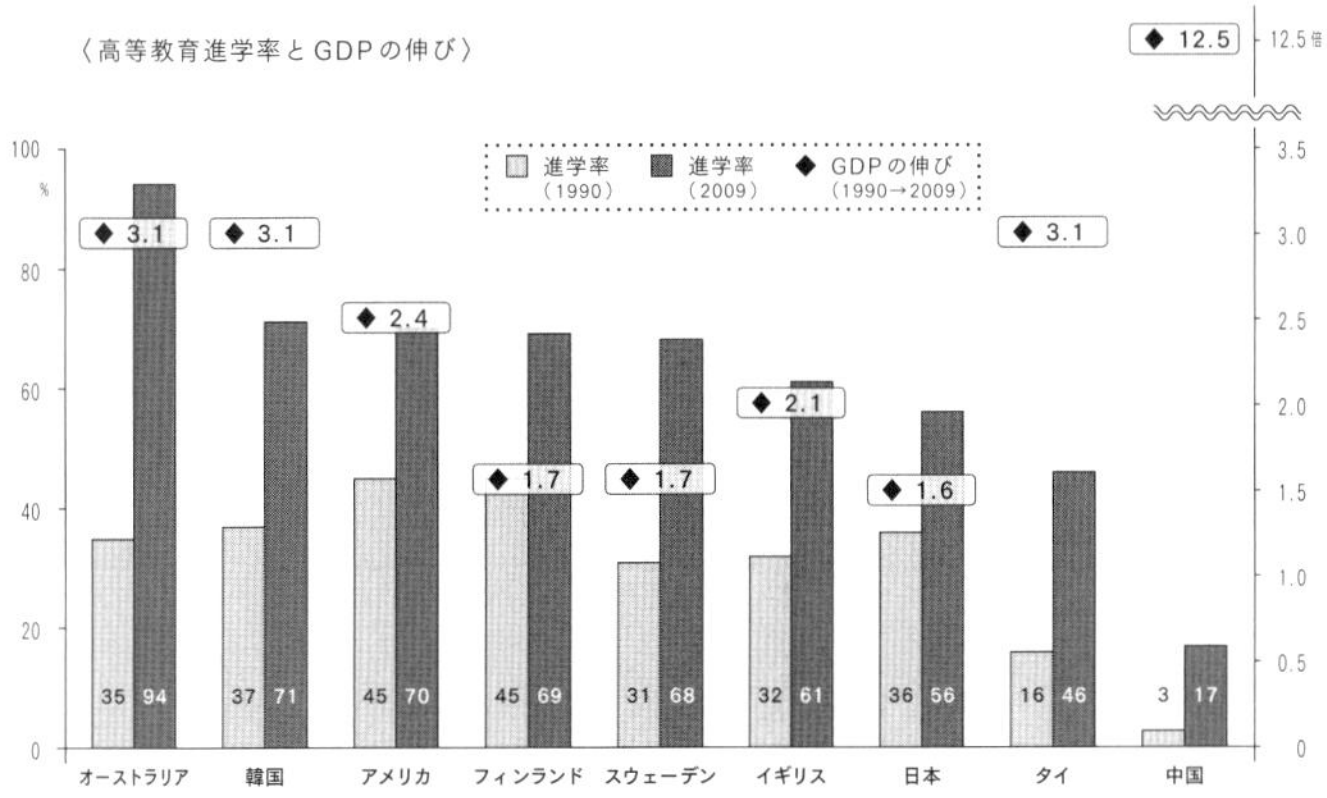

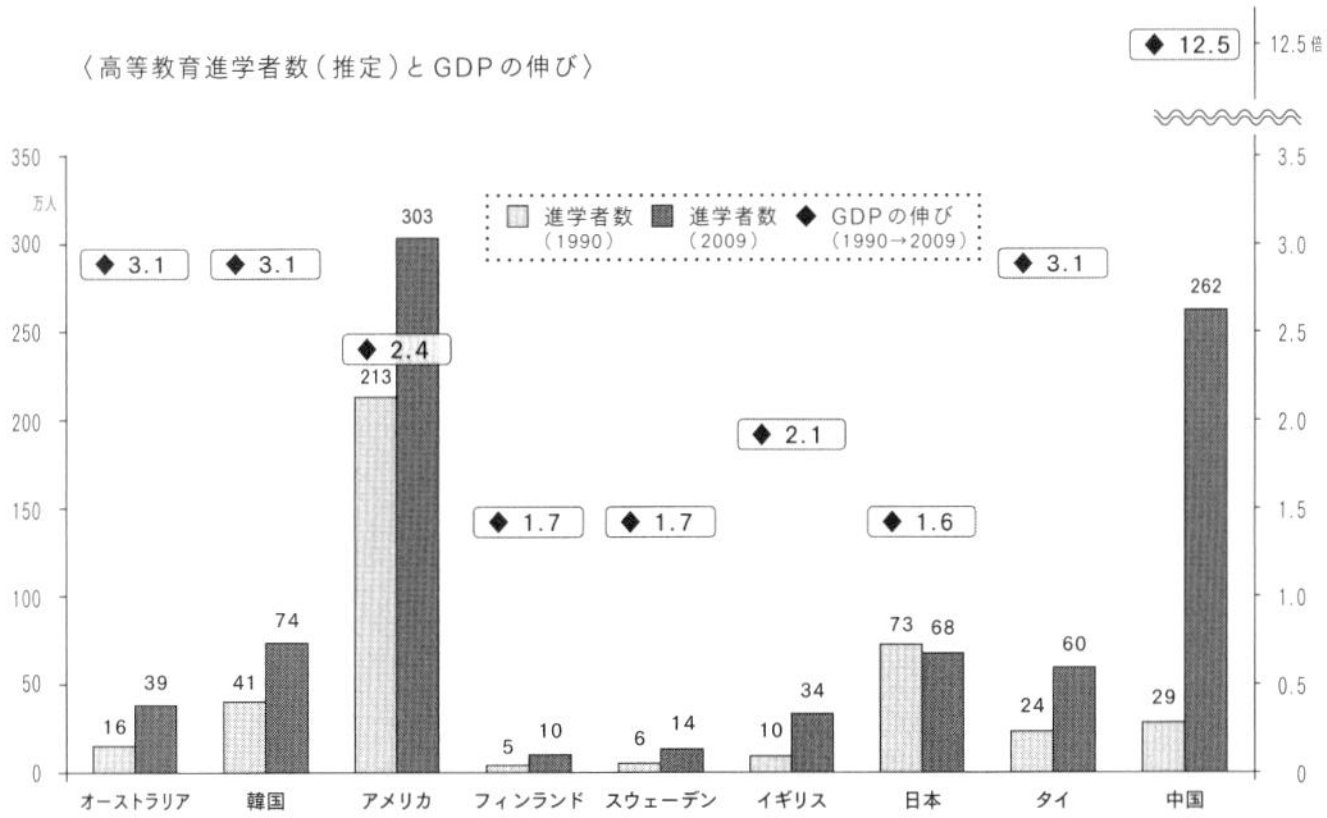

日本は進学率、進学者数ともに文部科学省調べ（短大含む）。【1990の進学率】アメリカ（2年制を含む）、イギリスは文部科学省「教育指標の国際比較」、それ以外の国はUNESCO,“Statistics(Historical data)（全高等教育機関）”を基に作成。【2009の進学率】OECD「図表でみる教育2011」ただし、タイについては、UNESCO,“Statistics（全高等教育機関）”【学生数】アメリカ、イギリス、中国は文部科学省「教育指標の国際比較」の在籍者数から推計。フィンランド、スウェーデン、タイはUNESCO,“Statistics(Historical data)”の在籍者数から推計（全高等教育機関）。韓国は1990年をUNESCO,“Statistics(Historical data)”、2009年は文部科学省「教育指標の国際比較」の在籍者数からそれぞれ推計（全高等教育機関）、オーストラリアの1990年はUNESCO,“Statistics(Historical data)”の在籍者数から推計（全高等教育機関）、2009年はOECD,“Statics”による入学者数。

出典：文部科学省「人材力強化のための教育戦略」（平成24年3月15日）

若者から「学び」の機会を奪う

この政策がすすめられた結果、どのような変化が起きたのかをお話しする前に、長らく日本の大学生を取り巻いていた教育環境について整理しておきます。大きなポイントは以下の3つです。

①日本では、「大学を卒業した若者が多額の借金を背負う」要因となっている「貸与型奨学金」のシステムが主流だった。

②このような日本における「貸与型奨学金」は、OECD諸国では少数派であり、奨学金を利用している学生の9割以上がこのタイプの奨学金を借りている。

③日本の大学進学率はOECD諸国の平均を大きく下回る51%（2019年の統計では54%というものもありますが……）で、この数は1990年からそれほど増えていない。

読者の皆さんはどうお感じになるでしょうか。長らく経済大国として名を馳せた日本ではありますが、残念ながらバブル経済崩壊以降、経済的問題が若者の学びの機会に大きく影響を与えている可能性があるのです。これは今、大学で学んでいる者、あるいはこれから大学で学ぼうという者にとっては、厳しい現実です。

このような議論になると、「確かに今までは大学に進学すること自体が経済的に大変なことだったかも知れない。しかし、もはや過去の問題なのではないか」「大学進学はあくまでも本人の自己責任の中で選択すべきことだ」とお考えになる方もおられるでしょう。しかし、誰もが希望すれば大学で学べる環境をつくり出そうと、政府は大学無償化の議論をしています。

大学無償化の議論は大いに歓迎するところですが、現実はそう簡単には変わりません。確かに「大学無償化法」の成立によって、給付型奨学金は2020年4月から拡大されました。しかし、この恩恵にあずかることのできる学生はほんの一握りの若者たちだけなのです。

給付型奨学金という高いハードル

日本学生支援機構のホームページによれば、給付型奨学金を受けるには2つの条件を満たす必要があります。まず、1つ目の条件は「学力基準」です。高等学校等における全履修科目の評定平均値が5段階評価で3・5以上であるか、もしくは「将来、社会で自立し、および活躍する目標をもって、進学しようとする大学等における学修意欲を有する」か、どちらかが求められます。

ただ、評定平均値が3・5以上というのは、私は個人的には低いのではないかと感じています。また、その評定平均値を満たしていなくとも、「学習意欲」を面談やレポートで代替できるという仕組みは、あまりにも甘いように思います。

学習面での確かな学力と、将来への確固たる展望を持っているからこそ、国民の税金を投入する価値があるのではないかと私は考えるからです。

しかし、そのような懸念点よりも問題なのは、2つ目の条件である「家計基準」です。これは学生自身と、家族

表1：3つの区分

【第1区分】

あなたと生計維持者の市町村民税所得割が非課税であること。

【第2区分】

あなたと生計維持者の支給額算定基準額の合計が100円以上2万5600円未満であること。

【第3区分】

あなたと生計維持者の支給額算定基準額の合計が2万5600円以上5万1300円未満であること。

内で家計を支えている人の「生計維持者」が学生支援機構で定めた収入基準と資産基準をともに満たしていなければなりません。資産基準の方は、学生と生計維持者の資産が2000万円未満ということなので、この条件はクリアすることは難しくないでしょうが、「収入基準」がかなり厳しいのです。具体的には、**表1**の3つの区分のいずれかに該当しなくてはいけません。

第1区分に関しては、わかりやすく言えば生活保護を受けているご家庭です。第2区分と第3区分に関しても複雑な計算式で導き出される基準なので、ここでは、日本学生支援機構のホームページで、「収入の上限額の目安」として出しているものを引用してご説明いたします。

たとえば、父、母、学生本人、そして中学生の弟という家族構成で、父がサラリーマンの給与所得者という場合、第1区分に入る年収は271万円以内。第2区分は303万円以内、第3区分は378万円以内ということになっています。これら3つの区分のいずれにも当てはまらない世帯は、大学無償化法の適用はできませんので、日本学生支援機構の給付型奨学金に申請はできません。

88%の学生が無関係という現実

これは相当の狭き門です。この日本学生支援機構の新しい給付型奨学金の対象者は、約43万人です。現在、日本にはおよそ370万人の学生が存在していますので、先ほどの「収入基準」に合致する学生は、全体のわずか12%です。よって、「大学無償化法」は、日本の大学で学んでいるすべての学生に対して無償化を行うものではないのです。全学生の中で12%ほどの経済的困難にある学生だけに向けた給付であることがよくわかります。

これは裏を返せば、日本学生支援機構の税金を用いた給付型奨学金を、残りの88%の学生は受けることができないということです。もちろん学費の心配をしなくてもよい家庭もありますが、昨今の経済状況を見ますと、年収1000万円以上の世帯でも、すべての子どもを大学に通わせ、住宅ローンを支払い、その上きちんと生活をするとなると、なかなか厳しい状況だと思われます。一人の人間に保育園、幼稚園から大学までの教育を身につけさせること自体、並大抵のことではないのです。

日本学生支援機構が給付型奨学金の収入基準としている約380万円はひとつの壁にな

りうるのではないかと危惧します。たとえば年収400万円の4人家族の家庭では、この給付型奨学金を受けることはできません。年収が1000万円近くあっても家計に重い負担となる教育費ですから、ましてや年収400万円の世帯では、子どもを大学に通わせるための手段が見つからないことになってしまいます。現在の日本社会において、このような家庭に対して出来得る公的支援は貸与型奨学金を提供するというのが現実なのです。

コロナ禍で苦しむ学生たちの実態

私が代表理事をしている人間塾は世帯の収入の多寡にかかわらず、学生本人の学業への意欲と将来への志で、スカラーシップを受けられるか否かを決めています。しかし、現在のところは、定員制度がありますので、すべての学生に対して無尽蔵に支援をすることは不可能です。また他の民間財団や大学独自の給付型奨学金制度も確かに存在していますが、一般に選考基準を設けて、その学生自身の学びへの意欲を吟味しています。

よって、大学での学びの目的がはっきりしていない、なんとなく大学に進学した、大学にさえ行けば何か目的が見えてくるだろうという、多くの大学生が陥りやすい安易な進学に対しては、給付型奨学金でサポートすること自体が機能しなくなる可能性があります。よって、ほとんどの学生が利用するのは貸与型奨学金制度ということになります。

大学無償化法が成立して、給付型奨学金の活用が拡大されたとはいえ、大多数の学生はその対象にはなっていません。生活保護世帯ではなく、しかし富裕層と呼ばれるほどでもない、ごく一般的な中流家庭の学生が、実は370万人いる学生の大多数なのです。彼らは、学費や生活費を貸与型奨学金から捻出するのを極力抑えるために、アルバイトに精を出しています。中には授業そっちのけで、朝から晩までアルバイト漬けの学生もいるのです。

親の方もバブル経済崩壊やリーマンショックなどを経験してきて、大学に行くのは良いけれど、できるだけ自分で稼いで卒業してもらいたいと願う家庭も多いのが事実です。

しかし、貸与型奨学金に頼ってしまうと、卒業後の返済の苦しみが待っていることに気づいた学生は、アルバイトを増やし、奨学金の借入金を減らすか、あるいはせっせと貯金して将来の返済の準備をしています。そして、そのような多額の借金を背負っている学生が、新型コロナウイルスの感染拡大によって、「学び」が継続できなくなっているのです。

昨年（2020年）の緊急事態宣言下の5月7日に放送されたNHKの「クローズアップ現代＋」の「新型コロナ　どうする？　〝暮らしの危機〟」の中で、ある学生が紹介されていました。大学4年生の方ですが、親に迷惑をかけないように学費や生活費を、アルバイトと貸与型奨学金でずっと賄ってきたそうです。しかし、今回のコロナ禍でアルバイトの収入がゼロになったにもかかわらず、誰も彼に助けの手を差し伸べることができない状況が紹介されていました。以下に番組側の説明を引用いたします。

大学からは、給付型の奨学金が支給される国の「修学支援制度」の活用を勧められましたが、狩野さんは対象外だとわかりました。共働きの両親の年収を合わせると380万円を超えているため、収入が減っていても支援の対象にはならないのです。収入減に苦しむ学生の多くが国の支援制度の対象になっていないのが実情です。

（「クローズアップ現代＋」ホームページより）

親にも頼れない。大学に相談したら国の制度を利用すべきだと言われたが、結局、国も助けてくれない。では、この狩野さんのような学生はこの苦境をどう乗り越えればいいのでしょうか。残念ながら、今のところ、貸与型奨学金を活用して「新たに借金を背負う」こと以外には解決策がありません。

このように実家の家計を心配しながら、アルバイトと貸与型奨学金で学生生活を続けている若者が日本国中にいるのです。そして、彼らの多くが、大学卒業と同時に、何百万円もの借金を背負って、社会に出ていきます。これが日本の多くの大学生の実態です。

「大学教育とは何か」を考える

このような学生生活でいいのでしょうか？　学業に専念し、友と友情をはぐくみ、将来への展望や夢を描くのが、本来の学生の姿ではないでしょうか。そして自分が身につけた知識や教養、技術を社会のために役立てようと、燃えるような思いを育てるのが大学という場ではないのでしょうか。

私は国の施策や日本学生支援機構を批判しているのではありません。大学無償化法によって、大学生活にゆとりを持つことのできた学生が数十万人誕生したことはすばらしいと思います。

私の論点は、「大学教育の意味とは何か」ということなのです。人格の涵養の場、人生の師と呼べる先生との出会い、専門性を育てることで社会に貢献するなど、本来の大学教育の意味が存在しているはずです。しかし、現在の学生がかかえる問題の大きな部分は、教育内容や教育の意味を論じる以上に、授業料や生活費への不安に終始していることではないかと思うのです。

前述のＯＥＣＤのデータが示しているように、先進国の多くが給付型奨学金で、自国の学生を支援してきました。その割合は１００％から30％程度でバラツキはありますが、日本のようにわずか数％のみだったというのはかなり特異なケースと言えるでしょう。「貸与型奨学金」という制度の利用が世界の中でも突出しているこの国で、給付型奨学金を広めていくのは容易なことではありません。同時に、国は何とかすべきだ、と他人事のようにいう国民の意見も無責任に感じます。若者たちは私たちの未来です。彼らはこれからの日本社会を、そして国際社会を担っていく人々なのです。よって、我々国民一人ひとりが自分のこととして向き合うべき教育問題であると思います。

つまり、大学で学ぶ意味から始まり、その教育内容、大学教育への真の適性をよく考えた上で、経済的支援をすべきではないかと思うのです。国が、大学無償化を大学進学を希望する若者すべてに適用できるようにする日が来るのを待つのも、期待するのも、私は解決策ではないと思うのです。

よりよい社会をつくる一員になるために

ごく一般的な家庭に育った学生は、最終的には自助努力に頼るしかありません。しかし、それにも限界があります。このような学生たちの中にも、大きな志を胸に抱いている若者たちがいます。キラッと光る宝石の原石のように、まだ粗削りではありますが、心の中に将来への夢と展望を持っている若者たちがいるのです。

しかし、そのような前途のある若者たちがアルバイトに明け暮れた結果、自分に向き合い、これからの人生を思索する余裕もない生活でよいのだろうかと思います。

人間塾のようなスカラーシップが今後の日本には必ず必要になると、私は確信しています。単なる給付型奨学金は「学びの継続」のサポートとしては良いと思いますが、実は、それだけが問題の核心ではないのです。

長年の貸与型奨学金の活用によって、多くの学生たちは卒業後直ちに大きな借金を背負うということはすでに何度もお話してきました。その若者の経済的疲弊感が、ある精神的問題を生じさせているのではないかという危惧を私は持っています。

それは、若者にとって最も大切な特性である「チャレンジ精神」が萎えてきているという危惧です。貸与型奨学金が生んだ学生への経済的な負担感と、さらには一部の学生にしか適用されない給付型奨学金によって、学生たちの心の中に一種の「あきらめ感」が生まれてきているように感じるのです。

学生たちには大きな夢を持ってほしい。理想に向かって突き進んでほしい。そして、自分自身の能力や可能性を活かしてよりよい社会をつくる一員になるんだと、展望を膨らませてほしいのです。そのような心の柔らかい部分を失わず、伸びやかに生きてほしいのです。それを諦めてしまうことは、なんとしても食い止めなければなりません。

このようなことから、「人間塾型スカラーシップ」を運営しているわけです。今から10年以上も前になりますが、人間塾創立者の井上和子氏が、学生たちが思う存分に学び、更には人間としての成長を目指すことができるようにと、経済的支援と精神的支援を融合させて生まれたのが、私たちが実践しているスカラーシップなのです。

コラム

ごく一般的な家庭の学生の「過酷な現実」

新型コロナウイルスによって「学び」の機会を奪われそうになってしまった学生たちを救済するために、さまざまな取り組みが進んでいます。

その代表的なものが「学生支援緊急給付金」です。これは文部科学省が、経済的理由で「学びの継続」をあきらめざるを得ない学生たちを救済するために創設したものです。しかし、新型コロナウイルスの影響で仕送りやバイト収入が減少したすべての学生が受けられるものではありません。「修学支援新制度の受給者」もしくは「無利子奨学金を限度額まで利用している者」などの条件を満たさなくてはいけないのです。

「修学支援新制度」とは、2020年4月から国が実施している「高等教育の修学支援新制度」のことです。世帯収入の条件を満たしていれば、学生自身の成績を特に重要な条件とはせずに、日本学生支援機構から返済不要の「給付奨学金」を受けられるのです。ちなみに、この給付を受けながら、従来の貸与型奨学金を併用することも可能となっています。一方、「無利子奨学金」は、経済的理由で修学困難な「特に優れた学生」に貸与される奨学金です。利子はありませんが返済をしなくてはいけません。

これらのいずれかの既存制度の条件を満たさないことには、「学生支援緊急給付金」を受け取ることはできません。つまり、この制度は「コロナで苦境に立たされた学生」に手を差し伸べているのではなく、「経済的に苦しい低所得世帯の学生」に限定された救済策であって、日本の学生の大多数を占めているであろう、「ごく一般的な家庭の学生」は除外されているのです。

各大学が独自で始めている無利子奨学金や給付金も同様で、家庭の経済状況や成績を重視して選考をするという条件をつけているところがほとんどです。したがって、現実問題として、「ごく一般的な家庭の出身で、成績は平均的な学生」がその恩恵を受けるのは、かなりハードルが高くなってしまうのです。

そのような若者たちに、お金の心配をすることなく勉強をしてもらいたい。アルバイト三昧の中で睡眠不足で授業に出るのではなく、自分の夢に向かって精いっぱい邁進してもらいたい。このような経緯で人間塾が設立され、社会で活躍する真の人材育成のためのスカラーシップ制度が創設された最大の理由です。

おわりに

何のために成すのか、何を他者に与えるのか

「世のため、人のために生きることが大切だと言われても、まずは自分のことが第一だよ」

「いやそんなことはない。人のために生きるのは当然でしょう」

人間塾で行った初めての合宿で、ある塾生間で交わされた会話です。しかも、お風呂場の中で。

人のことよりもまず自分が第一だ、と断言した塾生は、その後ほどなく人間塾を辞めていきました。人のために生きるのは当然でしょう、と強く主張した塾生は今、イタリア・ローマにある国連機関の国際農業開発基金（ＩＦＡＤ）で働いています。

人間塾に入る前は、大学を出て大手企業に就職できればいい、少しでも年収が上がればいいと考えていた塾生がほとんどです。しかし入塾後、彼らは、自分との対峙、塾長との対峙、親との対峙、世間の風潮との対峙を経て、自分の「使命」に気づきはじめます。そして、大学卒業時に、当初イメージしていた就職先とは異なる進路を歩み始めるものが多

くいます。

病院、海外青年協力隊、児童養護施設、国連機関の職員、教員、通信社、製薬会社、日本銀行など、公益性の高い仕事に就く者が多いです。また、大手の上場企業はもちろんのこと、ビジネスコンサルティング会社や広告代理店に進む者もおりますが、営利追求の渦中にいながら、自分の使命をその世界で果たしていこうと奮闘しています。

大手商社を退職し、すでに起業した者もいます。彼は、正当な取引、すなわちフェアトレーディングを理念に、世界中のコーヒー豆を販売する会社を設立したのです。猛烈な企業戦士だった彼ですが、その世界からあっさりと手を引き、人の幸せのためにどのような仕事をすればよいか、常に自問自答しています。

また、大学で心理学を学んでいたある塾生は、大手企業への就職活動をするんだと息巻いていました。しかし、ある日の塾長面談で、まったく異なる進路について話し始めました。困難な状況にある子どもたちを支援したい、何とか力になりたいというのです。私は少々面喰いました。なぜならば、つい先日まで、企業研究に余念がなかったからです。しかし、彼女の意志は強かったのです。国立の児童自立支援専門員を養成する学校を受験したい、そのために勉強を始めていると言うではありませんか。何が彼女をそこまで突き動かしたのでしょうか。私は、彼女が自分の使命に気づき、自分の可能性にチャレンジする勇気をいつの間にか持ったのだと思います。この修了生は、現在、児童養護施設の頼れる先生として働いています。

このような先輩たちの真摯な姿に触発されて、それに続こうとする後輩たちが生まれてくるのです。彼らは人間塾で「何を成したか、何を得たか」という考え方から、「何のために成すのか、何を他者に与えるのか」という思いに変化していくのです。

自分の中に在る可能性を追求し続ける

人間塾の第一期生の中に、忘れられない塾生がいます。彼は、高等専門学校からある国立大学へ編入した塾生で、初めて会ったときはとても生意気な人物でした。私の指摘に対して反発することが多く、自分のやりたいことや楽しいことを優先する傾向がありました。彼とは何度もぶつかりましたが、四年生のときに突然、大学院進学への希望を話してくれました。

しかし、強がりの割には気の弱いところがあり、最後の最後、自分に自信を持てないところを感じました。彼の希望する進学先は、そのときに在籍していた大学の大学院でした。

しかし、話を聞いてみると彼の目指す領域において最も優れた研究成果を上げているのは別の大学でした。私は、「なぜてっぺんを目指さないのか」と詰め寄りました。

受験まで数週間しかありませんでしたが、彼は猛勉強の末、東京大学大学院に合格しました。しかし、後に彼の今までの経験を聞いて、私はびっくりしました。彼はどうやら高専時代はたいへんな問題児であったようです。当時の写真を見ると、顔つきも髪形も、全体的な雰囲気もまったく違っていました。

しかし、大学院修了後、企業に勤め始めてから人間塾をよく訪ねてくるようになりました。また後輩たちの面倒見もよく、同窓会の役員を務めてくれました。現在は働きながら、東京大学大学院の博士課程に進み、研究を続けています。あの生意気で理屈っぽい、よく突っかかってきた彼は、今なお真剣に自分の中に在る可能性を追求し続けています。このような修了生たち同士が、いまだに切磋琢磨し合い、それが後輩たちへの良い刺激となっています。

このように、私が人間塾で行っていることは、一人の人間の人生に大きな影響を与える可能性のある仕事です。大きな責任を感じながら日々塾生に向き合うことに、畏《おそ》れさえ感じます。私の信念は、「本当に塾生のためになること、彼らの人生において大切だと思うことは迷わずに伝えよう。彼らの成長だけを祈りながら向き合っていこう」ということです。

塾生には、心の底から真剣に向き合います。時には、塾生の保護者とも真剣に向き合わなくてはなりません。しかし、多くの欠点を持つ私は、日々、心の中の決意を新たにしなくては、真剣に向き合うことができません。塾生を好き嫌いで判断することはしてはならないことですが、そのような感情が湧いてくることがあります。

ですから、私は、塾生に会う前に必ず決意をします。「この塾生を愛することができるように。彼らの良いところも足りないところも、いったん受け入れてから、向き合うようにする」と心に決めてから、塾生に会うようにしています。

それが私にできる精一杯のことであり、あわせて教育的な責任であると思うからです。

「恩送り」を通じて人間力を育む

このような教育を体系的に行っている奨学金団体や教育機関が他にあるでしょうか。しかも「恩送り」という「善意の循環」を心掛けながら、若者に学ぶ機会を提供しているのは、日本の中では人間塾だけだと思います。

大学ではさまざまな専門分野にすばらしい先生方がおられます。ノーベル賞を視野に入れている研究室もあるでしょうし、資格や専門知識の習得に力を発揮する先生方もおられます。いずれもすばらしい教育です。しかし、社会をより良い方向へ変えていこうと、「たいまつの火」を掲げるような教育を率先している先生方は、大学の中には多くはおられません。そして、ほとんどの場合、学生たちは自分の将来に不安を抱きながら、自分の能力や可能性を切り拓いていく方法も知らないままに社会に放り出されます。

こんな世の中であるからこそ、人間塾の役割が大切だと思うのです。暗闇の中で、先頭に立って火を掲げられる人間を一人でも多く育てたい。それは私の心からの願いです。

このような人間塾は、唯一無二の私塾だと思います。

興味を持った学生たちには人間塾の門を叩いてほしい。人間塾の扉はいつも開いています。

私たちはこれからも、この場所で、「井上和子スカラーシップ」という名の元、若者へ学びの機会をさまざまな方法で提供していきます。それこそが、私たち人間塾が社会に向けて実践したい「恩送り」なのですから。

謝辞

人間塾の活動を多くの人に知ってもらいたい、と考え始めてから長い月日が経ちました。ようやく、その思いを文字にすることができました。企画段階から伴走してくださった窪田順生さん、林直樹さん、近江芳宏さんには本当にお世話になりました。厚く御礼を申し上げます。また、井上和子さんと壺井尚子さんは、信頼と寛容をもっていつも助けていただきました。ここに心から感謝を申し上げます。最後に、今まで出会ったすべての塾生、学生、若者たち。あなたたちの未来に幸多かれと心から祈りながら、併せて感謝の気持ちを送ります。

【著者プロフィール】

仲野好重（なかの・よしえ）

一般財団法人人間塾代表理事・塾長。1962年、兵庫県生まれ。聖心女子大学を卒業後、米国・セントルイス大学大学院にてPh.D.（心理学）。尼崎市教育委員長並びに大学教授を経て、2011年7月より現職。専門は心理学、人間発達、生涯教育。また、人間塾のほか一般社団法人アントレプレナー・ビューロー代表理事、公益財団法人尼崎市文化振興財団理事長を務める。

スカラーシップで大学生はこんなに変わる

「給付型奨学金＋人間教育」を実践する「人間塾」の挑戦

2021年7月21日　第1刷発行

◉著　者　仲野 好重
◉発行者　上坂 伸一
◉発行所　株式会社ファーストプレス
〒105-0003　東京都港区西新橋1-2-9 14F
電話 03-5532-5605（代表）
http://www.firstpress.co.jp

装丁・DTP　株式会社オーウィン
印刷・製本　シナノ印刷株式会社

ISBN 978-4-86648-017-6